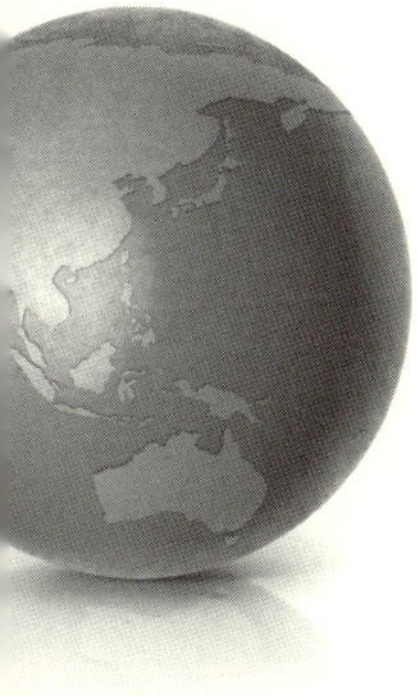

# CQ
Cultural Intelligence

# 経営戦略としての異文化適応力

ホフステードの6次元モデル実践的活用法

宮森千嘉子
Chikako Miyamori
宮林隆吉
Ryukichi Miyabayashi

日本能率協会マネジメントセンター

# 序文

1980年に私の初めての学術書である〝Culture's Consequences〟(『経営文化の国際比較』として1984年に萬成博教授、安藤文四郎教授の監訳により邦訳)が出版されて以来、多くの日本の学者が国民文化とその違いについての私の考えに興味を示してくれました。

そして1991年には、『多文化世界』(原題:Cultures and Organizations: Software of the Mind)というよりシンプルな本をビジネススクールの学生や一般の読者向けに出版しました。

『多文化世界』はその後、改訂を重ね、2005年に私の息子であり研究者のG・J・ホフステードを共著者に加え、2010年にはブルガリア出身のマイケル・ミンコフを二番目の共著者として迎えました。いまやこの本も21カ国の言語に翻訳されています。日本語への翻訳は岩井八郎・岩井紀子の両氏が担当してくれました。

翻訳される国の数が増えているという事実は、この種の本がまさに求められる時代が訪れていることを示しています。世界経済の国際化に伴い、人々は国境を跨いだ国ごとの文化の違いへ強い関心を持つようになってきているといえるでしょう。

そのような違いを意識することは、科学や政治、そしてビジネスの世界に生きる未来の世代にとって必要不可欠なこととなってきています。

そして、実践を通じ、私の研究・分析手法に深い理解と妥当性を見出してきた二人の経験豊富な経営コンサルタントによって書かれた本書は、様々な国民文化への理解を必要としている日本の読者に向けて、新しく実践的な応用方法を示してくれています。

ヘールト・ホフステード

# はじめに

グーグル検索が国ごとにカスタマイズされていることを、皆さんはご存知でしたか。例えば、ある言葉を検索したときに、イギリスではイギリス、日本では日本に住む人々のなかで最も関連性の高い記事や画像が上位に表示されてくるのです。

この機能を使って簡単な実験をしてみましょう。それは、「まったく同じキーワード」を入れて画像検索をしたときに、異なる国の人たちの頭のなかに「同じイメージ」が湧いているのか、を検証する実験です。

では、日本とイギリスとで、「熊・イラスト（Bear・Illustration）」を検索するとどうなるでしょうか⁉（7ページ参照）

日本では「かわいい」「ゆるい」というキーワードとともに、とても愛らしい熊のキャラクターが出てきました。日本人の頭のなかには、体と同じくらい大きい顔を持ったフレンドリーな熊がイメージされているようです。

一方、イギリスのほうはというと、日本とは真逆の荒々しい野生の熊が出てきました。

イギリスといえば「クマのプーさん」や「パディントン・ベア」で有名な国ですから、可愛らしい画像がたくさん出てくると予想していましたが、彼らが頭のなかで求めている「クマのイラスト」は必ずしも「かわいいキャラクターのクマ」ではないようです。

このように、同じ言葉を入れて検索してみても、異なる文化圏の人々の頭のなかには「似て非なるイメージ」が湧いていることがわかります。

では、もしこの両者のイメージの乖離がとてつもなく大きく、ときにまったく違うものを指していたとしたら、何が起きるでしょうか。

おそらく日常のコミュニケーションが困難になり、様々な誤解が生まれることでしょう。ビジネスの場では、大きなトラブルに発展する可能性もあります。グローバルの世界に住むということは、まさにこの「同じものを見ているのに、同じように認識されない」環境で生きるということなのです。

本書は、こうした事実を踏まえ、私たちが異なる文化圏の人たちと働くときに生じる様々なトラブルを解決する〝ヒント〟について書かれています。

この本を手に取られた皆さんのなかには、次のような状況にいらっしゃる方々がいるのではないでしょうか。

■日本

■イギリス（イギリス在住の友人からのキャプチャー画像）

- 一度も海外経験がないのに、海外駐在が決まり途方に暮れている方
- 会社のダイバーシティ経営の推進によって外国人部下を持つことになり、どうしてよいかわからない管理職の方
- 上司が外国人に替わり、そのリーダーシップスタイルに困惑している方
- M&Aに伴う組織の統合プロセスをどのように推進するかを考えている経営企画の方
- 海外留学が決まり、喜びと不安を抱えている学生の方
- 外国人労働者の増加に伴い、クラスに外国人の生徒を抱えている学校の先生

そんな皆さんが抱える悩みを少しでも解消するお手伝いがしたいと、私たち筆者は考えています。

本書ではオランダの国際経営・組織心理学・人類学の教授で、「文化と経営の父」と呼ばれるヘールト・ホフステード博士が考案した「6次元モデル」を紹介しながら、私たちが実務の現場やコンサルティング経験を通じて学んだ〝文化〟に関する気づきを、余すことなく共有していきたいと思います。

2019年2月

宮森千嘉子
宮林隆吉

＊6次元モデルの日本語訳に関しては、『多文化世界［原書第3版］』（G．ホフステード、G．J．ホフステード、M．ミンコフ著、岩井八郎・岩井紀子訳、有斐閣、2013年）を参照させていただいております。

## 第2章 多様な文化を理解するフレームワーク「ホフステードの6次元モデル」

## 第1の次元 権力格差（PDI：Power Distance）

## 第2の次元

# 集団主義／個人主義（IDV：Individualism）

# 第3章 事例で見る6次元モデルの分析

# 第4章 6つのメンタルイメージとマインドセット

## 第5章 CQを高めるための実践法

特別インタビュー

## ホフステード博士との対談

# 第1章

# CQ（文化の知能指数）とは

## 「強さ」を求めて「強み」を失う

2019年現在、インターネットで「日本」「グローバル化」というワードを入れて検索をかけてみると、「日本人の考えるグローバル化は間違っている」「グローバル化で日本人が困った6つのこと」等、ネガティブな記事が上位を占めます。

これは、一見すべてがうまくいっていないようにも思えますが、日本企業のグローバル化が進んできている証左ともいえるでしょう。

なぜなら、それだけ課題が顕在化してきているからです。

JETROの調査データ[1]によれば、日本企業による海外直接投資は過去10年以上拡大の一途を辿っており、JTの英国タバコ大手ガラハー買収、ソフトバンクの米国携帯会社スプリントの買収、サントリーの米国ビーム社の買収、武田薬品工業のシャイアーの買収など、大型のM&Aも見られるようになりました。

海外企業買収は成功する場合もあれば、失敗するケースもあります。買収後統合によるシナジー創出の難しさをはじめ、人財が定着しない、本社とのコミュニケーションがうま

1　https://www.jetro.go.jp/world/japan/stats/fdi.html

くいかない、共同プロジェクトに時間がかかりすぎる等、様々な課題を企業にもたらしています。本来は組織を強くし、厳しい市場のなかで生き残るために行った経営施策によって、組織が弱体化する可能性もあるのです。

ここで私たちが重要なキーだと考えているものが、本書のテーマである「文化」です。

## 文化を数値化した学者 ヘールト・ホフステード博士

昨今の日本では、外国人労働者の増加、外国人観光客数の増大や、２０２０年東京オリンピック開催で多くの海外メディアから注目を集めることで、「異文化」とのコンタクトは日常的に誰にでも起きうる出来事となりました。

ホフステード博士は、この「文化の違い」をスコア化した、世界で初めての学者です。経済学者マルクスに次いで論文の引用数が多いホフステード博士は、２００８年にはウォール・ストリート・ジャーナル誌で「世界で最も影響力のあるビジネス思想家トップ20」に選ばれています。

彼は、次のような問題提起をしました。

「心理学・社会学および経営学で確立されてきた理論が、どの社会にも当てはまると説くのは間違っている」

そして、「文化の差異」がもたらす影響の度合いを決して過小評価してはいけないと、警鐘を鳴らしました。私たちの問題意識もここにあります。

例えば「リーダーシップ」という言葉について考えてみましょう。

皆さんのなかで理想のリーダーはどういう人物ですか。

ジャック・ウェルチのようにカリスマ性があり、イーロン・マスクのようにビジョンを持ち、松下幸之助のように周りの人を率いる人格と能力があれば、どの国に行っても組織を成功に導くことができるのでしょうか。

残念ながら事はそう単純ではありません。なぜなら、リーダーはフォロワー（周辺の人々）がいてはじめて成立するものだからです。

「フォロワーシップ」の提唱者である米国カーネギーメロン大学のロバート・ケリー教授によると、組織のパフォーマンスに対して「リーダー」が及ぼす影響力は1～2割である一方、「フォロワー」が及ぼす影響力は8～9割にものぼるそうです。

つまり、フォロワーがリーダーに期待する役割・能力・行動の条件が満たされてはじめて「リーダーシップが発揮される」状態が作られるわけであり、フォロワーの数だけ正しい「リーダーシップ」「マネジメント」の姿が存在するのです。

本書では、このフォロワーたちを導くための「CQ（Cultural Intelligence：文化の知能指数）」という新しい視座を皆さんと共有していきます。

そして、アカデミアで繰り返し議論され、ときに批判をされながらも常に議論の中心にあったホフステードの6次元モデルを使いながら、この複雑化する世界にどのように自分たちを適応させていくべきかを一緒に考えていきます。

## 文化が経営に与える影響

グローバル化というキーワードが一般に認知されるようになったのは、WTOの設立や国際標準規格（グローバルスタンダード）が策定された1990年代はじめから2000年代にかけてのことです。この流れは、2005年にトーマス・フリードマンが出版した〝The World is Flat〟[2]（邦訳『フラット化する世界』日本経済新聞社、2006）が世界的ベストセラーになったことで加速します。

2 The World Is Flat：A Brief History of the Twenty-first Century by Thomas L. Friedman

しかし、本当に国境も文化も超えた「フラットな世界」は到来したのでしょうか。急速な世界市場が形成され、市場原理をルールに競争が加速しているのは事実ですが、実態は一部の先進国による市場の寡占化であったりします。

そして、その一部の国で機能するマネジメント・アプローチが、果たして世界共通になるのでしょうか。

経営学の領域では、文化が経営に与える影響は古くから指摘されています。

スペイン・バルセロナにあるIESEビジネススクールのパンカジ・ゲマワット教授は、ハーバードビジネスレビューに寄稿した論文[3]のなかで、国際化の過程で意識しなければいけない4つのポイントとして、Cultural（文化）、Administrative（制度）、Geographic（地理）、Economic（経済）をあげ、文化を国際経営において無視してはならない重要事項と指摘しています。

しかし、実際の経営の現場では、文化はその重要性は認識されているものの、まだ十分にビジネスの牽引力として実装されているとはいえません。国境を超えたプロジェクトの70％は失敗し[4]、90％の経営者が、異文化間で効果的に結果を出せる人財を見出すのはトッ

3　Distance Still Matters : The Hard Reality of Global Expansion, Pankaj Ghemawat FROM THE SEPTEMBER 2001 ISSUE

4　Aimin Yan & Yadong Luo. International Joint Ventures : Theory and Practice（Armonk, NY : ME Sharpe, 2000）, 32.

プ・マネジメントのチャレンジと考えています。[5] 別の調査では、「80％の企業経営者は経営の成功には『文化』がカギになると考え、60％が文化は戦略やビジネスモデルより重要としているものの、文化が効果的に活用されていると考える経営者は35％[6]」という結果も出ています。

21世紀はグローバル化の時代と言われて久しいですが、交通・情報通信技術がどれだけ発展しようとも、決して縮めることのできない文化的距離が国と国との間に存在しています。

世界中の情報に容易にアクセスできるようになったいまだからこそ、逆に世界に存在する違いがあぶり出されている時代になっています。その意味で、世界はフラットにはならず、１つに統合されることもないでしょう。

本書でこれから紹介するホフステードの６次元モデルは、１９６７年当時、ＩＢＭヨーロッパの人事リサーチマネジャーだったホフステード博士が設計したＩＢＭ従業員意識調査がきっかけとなって生まれました。ＩＢＭは当時から組織開発に熱心で、この調査は１９６７年から１９７０年にかけて、11万６０００人のＩＢＭ社員を対象に、72ヵ国、20言語で実施されました。この調査のなかでホフステード博士は、従業員の意識や行動の違

5 In search of high CQ : *A trendy management idea for the age of globalisation*, Apr 6th 2010, The Economist
https://www.economist.com/business/2010/04/06/in-search-of-high-cq

6 Global Culture and Change Management Survey 2013, PwC

いは、職種や性別・年齢などの属性ではなく、国別の文化の違いによって起こされていることを偶然にも発見します。これはゲマワット教授が、文化的距離の差が経営に与える影響力の大きさを主張する約30年前の話でした。

その後、ホフステード博士はＩＭＥＤＥ（現在のＩＭＤ）、ＩＮＳＥＡＤで研究を続けます。そして、５年の歳月を費やして追加の調査研究を行い、最初の著書〝Culture's Consequences〟[7]のなかで国の文化を初めてスコア化しました。

彼はビジネスと国民文化の関係性を指して、「文化のもたらす影響を理解せずに国境を超えたビジネスに取り組むのは、水に一度も触れたことがないのに泳げると錯覚することと同じだ」と述べ、従業員の国民文化と企業の組織文化をうまく適合させる必要性を訴えました。

しかし、リーダーシップや組織開発論といった人と組織に関わる理論の多くが、この「文化」という外部要因を考慮せずに、アングロサクソン諸国からそのまま輸入してしまっているのが現状です。

例えば、１９９０年代末頃から普及しはじめた成果主義人事制度では、中核にあったのが目標管理制度（ＭＢＯ）です。日本企業の８割で導入されたにもかかわらず、結果的に

7　"Culture's Consequences : International Differences in Work-Related Values", Sage Publications, 1980の邦訳版が1984年に『経営文化の国際比較―多国籍企業の中の国民性』（萬成博／安藤文四郎監訳）として産業能率大学出版部から刊行。

は多くの企業で見直しの対象となりました。[8] 一部の企業では、こうした制度は従業員の協調性や、組織市民行動（従業員が自分に与えられた職務を超えて組織のために行動すること）の阻害要因になるとみなされ、大幅に改定・撤廃されています。

冒頭でも触れたとおり、求められるリーダーシップの形が国によって異なる以上、求められる組織の形も制度も、文化的な差異を踏まえたものにカスタマイズしていく必要があります。

わたしたちの住む世界はビジネスに限らず、政治、環境、生態系など様々な共通の課題に直面しています。それを解決するためにお互い協力することが求められているのにもかかわらず、世界では考え方・感じ方の違う者同士による争いが絶えません。ホフステード博士はこれを解決する方法を次のように語っています。

「人々の考え方はさまざまに異なるが、その背後には一貫した構造が存在しており、その構造を理解すれば、相互理解の基盤が得られる」[9]

この「一貫した構造」を理解し、「相互理解の基盤」を得るために、私たちが普段から何気なく使っている「文化」という言葉について、ここで一歩踏み込んで考えてみましょう。

8　「労政時報」第3681号/06.7.14（全国の上場企業および非上場企業［資本金5億円以上かつ従業員500人以上］にアンケート）によれば、目標管理の導入は約8割であるが、目標管理制度の見直しに関しては56.9%が「見直す予定あり」となっている。

9　『多文化世界［原書第3版］』（G.ホフステード・G.J.ホフステード・M.ミンコフ著、岩井八郎・岩井紀子訳、有斐閣、2013年）p3上段14-16

# 文化とは何か

「文化とは何か？」と聞かれたら、皆さんはどう答えますか。

グーグルで「Culture（文化）Definition（定義）」を検索すると、なんと約6億9600万件がヒットします。それほど様々な解釈がされている言葉ですが、文化（Culture）という言葉の語源は、ラテン語の「土を耕す」です。概ね次の2つの意味で使われています。

**「美術、音楽、建築物、教養や芸術」**

**「暮らし方、制度、感情の表し方や抑え方、コミュニケーションの仕方など、ある1つの集団のなかの固有なルール」**

本書で扱うのは後者です。ホフステード博士は文化を「**ある集団と他の集団を区別する心のプログラム**」と定義しています。

物心ついたときから「人の話をよく最後まで聞くように」と協調性を重視するように教

え諭されたAさん。

「自分の考えを言葉にしなさい」と議論することを奨励する教えを受けたBさん。

二人が同じ会議に出席します。Aさんは、まずは相手の意見を聞いてみようと黙っています。一方、Bさんは一方的に持論を語りだし、他人の発言中に平気で割って入ります。結果、お互い何やら勝手が違うと居心地が悪くなってしまう。こうした風景は、日米の会議でよく見られます。

「会議」におけるルールは国ごとで異なり、そのルールは社会のなかで暗黙のうちに組み込まれた文化という名の「心のプログラム」によって定められています。どちらが良いとか悪いとかではなく、ただ「違う」のです。

しかし、そのルールを知らずにビジネスの交渉に臨むと、片方は沈黙し続ける相手を自分の意見を持たない未熟な人物と断定し、もう片方は自分の主張ばかりを繰り返し、他人の意見に耳を傾けようとしない相手を攻撃的な人間と考えるでしょう。

やがて、それはお互いの人格への不信感へと発展してしまいます。わかりあえたはずの相手と知らず知らずのうちに距離を作ってしまうのは、とても不幸なことではないでしょうか（文化による会議の意味の違いについては、第4章で触れます）。

## 文化の構造（玉ねぎ型モデル）

文化の違いを理解し、その違いを乗り越えるためには、文化がどのような構造を持っているのかを理解することが大切です。

文化はよく、玉ねぎに例えられます（図1－1参照）。

玉ねぎの皮の茶色い部分、表層にあたる部分を「**シンボル**」と呼びます。これは、ある集団にとって特別な意味を持つイメージ、言葉、ジェスチャー、物質などを指しています。米国発で世界中に浸透しているコカ・コーラなどのグローバル製品も、シンボルの一事例。時代の変遷とともに常に新しいシンボルが生まれ、他の文化でも容易にコピーされます。

だからこそ、玉ねぎ（文化）の表層に位置しています。

次の層にあるのが「**ヒーロー**」。行動やあり方が、その文化のなかで高く評価され、行動のモデルとされる人物です。偉人やスポーツ選手など、実在する人物を指すこともありますし、映画やアニメの主人公もヒーローです。

もう1つの下の層にあるのが「**儀礼**」。儀礼はある集団にとっては社会的に必要であっても、他の集団から見れば理解しがたく何の意味も持たない行為のことです。日本の名刺交換。フィンランドやロシアでのサウナでよく見られる、白樺の枝での叩き合い。必ず杯を干さなければいけない中国式乾杯。日常の会話やコミュニケーションがどのように行われるかもこの儀礼に当たります。

シンボルやヒーローや儀礼は「目に見える」もので、その集団の「**慣行**（ふるまい）」を構成します。異なる文化を持つ集団の目に触れるので、通常の一般的な異文化理解やトレーニングの対象になるのは「慣行」であり、「慣行」の対処に必要なスキルにフォーカスが置かれているようです。

最近、日本とビジネスをされる外国人は必ず名刺を両手で渡したり、会議で日本人が発言するときに遮らないよう、心配りする場面も増えてきました。

**図 1-1** 玉ねぎ型モデル

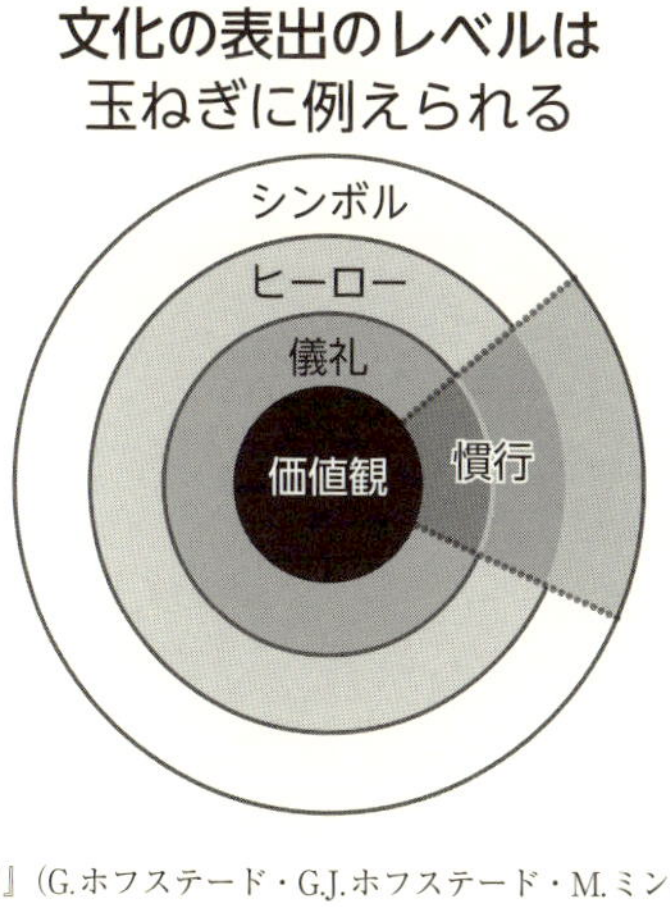


『多文化世界［原書第3版］』（G.ホフステード・G.J.ホフステード・M.ミンコフ著、岩井八郎・岩井紀子訳、有斐閣、2013年）p6の図1・2に加筆

しかし、「目に見える」部分を表層的に理解しただけでは、足りないのです。他の文化を理解するときに最も重要なカギとなるのが、玉ねぎの一番核、中枢の部分にある「**価値観**」だからです。

私たちはある物事に対して「それはいいね！」という肯定的な感情と、「それは絶対イヤだ」と感じる否定的な感情の両極をあわせて持っています。「こちらのほうが好ましい」と物事を判断する感情を「価値観」と呼びます。人生の極めて早い時期に無意識のうちに形成され、内面化されるので、私たちは自分自身がどんな価値観を持っているかを知りません。普段は心の奥のほうに潜んでいて、ストレスがかかったり、強い嫌悪感を抱いたとき、ふっと現れてくるのが価値観です。

価値観には次のような組み合わせがあります。[10]

**悪い ⇕ 良い**
**汚い ⇕ きれい**
**危険な ⇕ 安全な**
**禁じられた ⇕ 認められた**
**上品な ⇕ 下品な**

10　『多文化世界［原書第3版］』（G.ホフステード・G.J.ホフステード・M.ミンコフ著、岩井八郎・岩井紀子訳、有斐閣、2013年）p7上段5-下段7

**道徳的 ⇕ 非道徳的**
**みにくい ⇕ 美しい**
**不自然な ⇕ 自然な**
**異常な ⇕ 正常な**
**矛盾している ⇕ 論理的**
**非合理的 ⇕ 合理的**

**図1-2**は私たちがいつ、価値観と慣行を身につけていくかを示したものです。

文化の中枢にある価値観は、大体12歳くらいまでに形成されます。第2章で説明する「ホフステードの（国民文化の）6次元モデル」は、各国別の価値観の違いを理解するためのツールです。

**図1-2** 価値観と慣行の関係

価値観（国民文化）は**0〜12歳くらい**までに
**家族や学校で学習**される

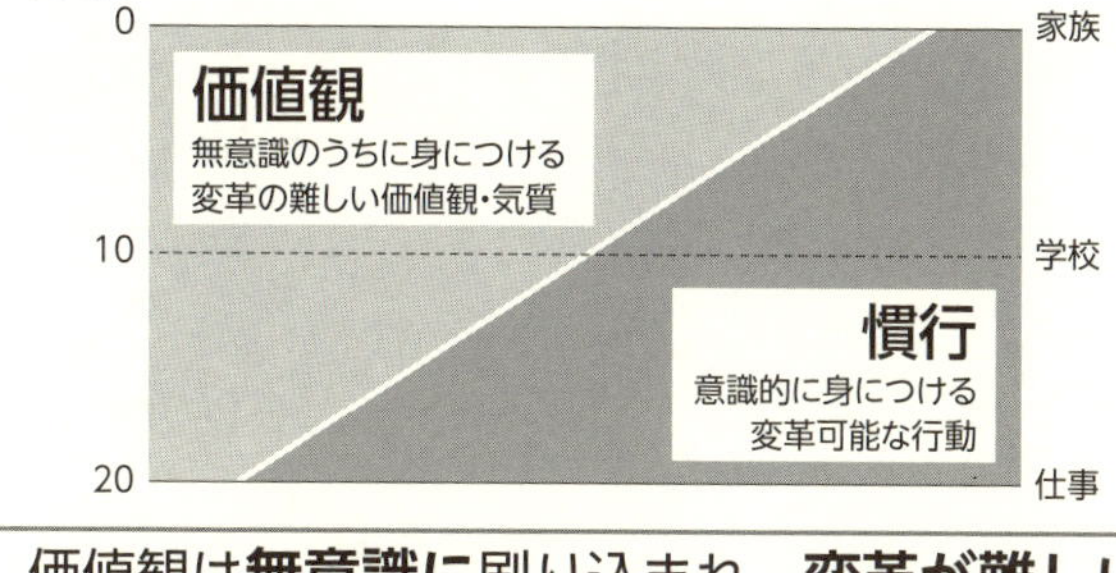


価値観は**無意識に**刷り込まれ、**変革が難しい**

『多文化世界［原書第3版］』（G.ホフステード・G.J.ホフステード・M.ミンコフ著、岩井八郎・岩井紀子訳、有斐閣、2013年）p7の図1・3に加筆

## カルチャーショックと異文化対応カーブ

**図1-3**は、異文化環境のなかに放り込まれた人がたどるプロセスを示したものです。

最初は、新しい文化との遭遇を楽しみ高揚感にあふれます。

次の段階には、これまでのやり方が通用しなくなり、相手の文化のなかでうまくやっていく方向を模索するものの苦戦し、カルチャーショックに陥ります。

その後、その国の価値観をいくつか身につけて社会的ネットワークのなかに組み込まれると、異文化対応、あるいは文化的変容といわれる段階に入ります。その段階では、(a)いつまでもよそ者であると感じている人、(b)自国や、以前の文化的環境と同じように、新しい文化に適応できている人、(c)今の環境に溶け込んで自国よりもいきいきと活躍できる人、[11] がいます。

駐在や留学した場合(a)のレベルに留まっていては、成果を出す

**図1-3** 異文化環境にいる人の心理変容プロセス

**異文化への適応の仕方は人によって異なり、最後まで否定的に捉える人と肯定的に捉える人に分かれる**

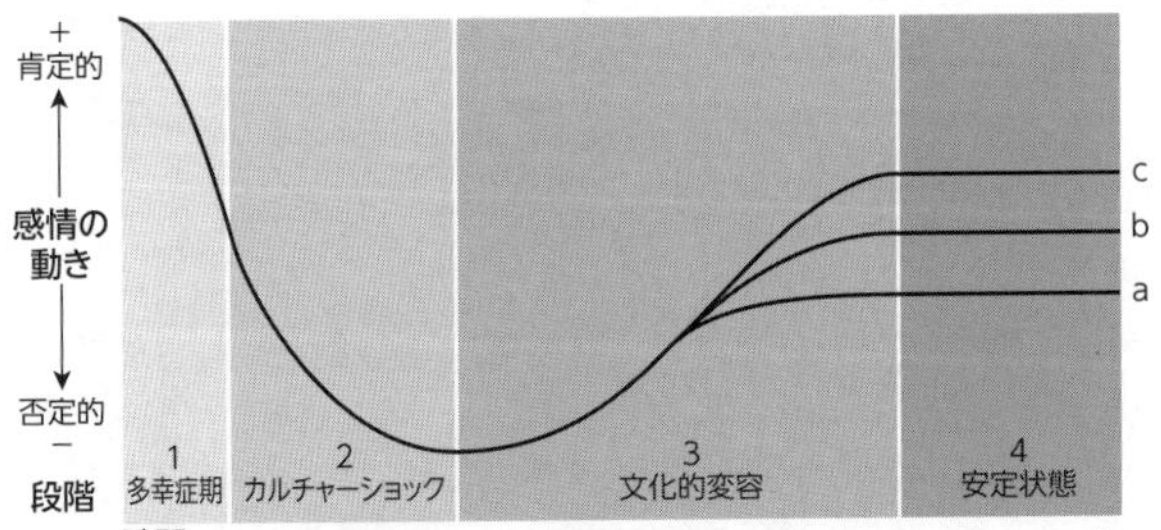


**異文化適応力の差は成果の差に繋がる**

『多文化世界［原書第3版］』(G.ホフステード・G.J.ホフステード・M.ミンコフ著、岩井八郎・岩井紀子訳、有斐閣、2013年) p361の図11・1に加筆

のは困難です。新しい文化的環境に適応するためにも、各国別の価値観への適応は欠かせません。

## 変革が難しい国民文化、変革可能な組織文化

生まれる国は選べませんが、私たちは大人になるにしたがって、どこの集団に所属するかを、自分の意志で選ぶようになります。部活、大学、専攻、職業、企業。自分の意志で入った集団の「組織の文化」は、玉ねぎ型モデルの「シンボル」「ヒーロー」「儀礼」のレベル、目に見える「慣行」に当たります。

慣行のレベルは意識化できるので、（簡単とはいいませんが）変革することが可能です。

しかし、無意識のうちに埋め込まれた価値観、国民文化は、所与のものであり、変革にはとても長い時間がかかります。無意識に存在する価値観＝国民文化を意識化し、お互いの違いを認識したうえで、新たな組織文化をつくっていくことが、多文化のなか

**図 1-4　国民文化の玉ねぎ型モデル**

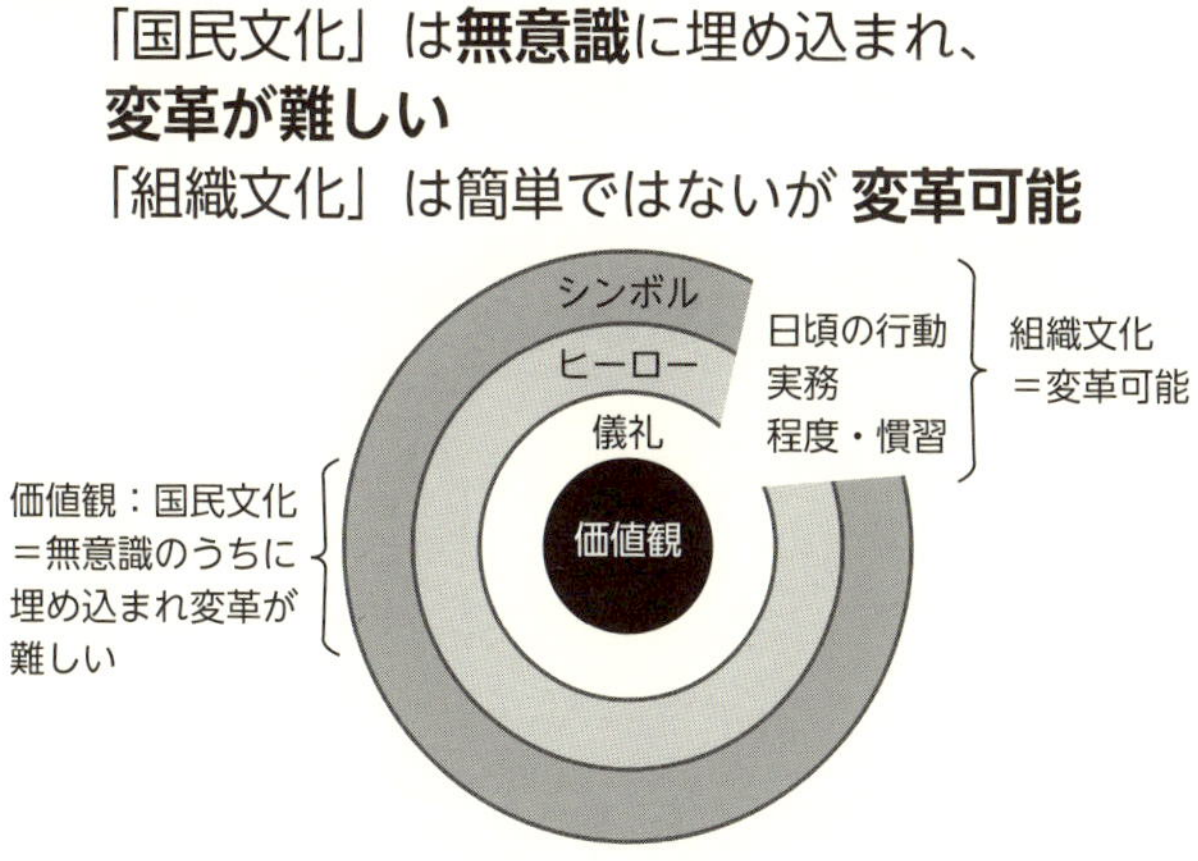


『多文化世界［原書第3版］』（G.ホフステード・G.J.ホフステード・M.ミンコフ著、岩井八郎・岩井紀子訳、有斐閣、2013年）p6の図1-2に加筆

で効果的に活躍するカギとなります。

## CQ：多様性のなかを生きるために必要な能力

国民文化の違いを意識化したうえで、多文化間で効果的に成果を出していく力が、CQ（Cultural Intelligence）、文化の知能指数です。

IQ（知能）とは、『コルシーニ心理学百科事典』[12]によれば、「頭の回転の速さ、学術成績、職業の上の地位、特定分野での傑出などを意味」し、一般にはビジネスに必要な体系的な知識や専門性を指し、仕事のできる人はIQが高いといわれてきました。

その後、EQ（こころの知能指数）という概念が登場し、共感力、対人的能力も重要だといわれる時代が来ます。IQとEQが高い人が、優れたリーダーと考えられてきました。

しかしグローバル化が加速するなか、自国におけるIQとEQが高くても、海外で失敗するビジネスパーソンが増えています。この流れのなかで、ロンドンビジネススクールの教授だったクリス・アーレイ氏が提唱し、のちミシガン大学のヴァン・ダイン教授、シンガポールの南洋《ナンヤン》理工大学のソン・アン教授が展開した概念がCQです。

11 『多文化世界［原書第3版］』（G.ホフステード・G.J.ホフステード・M.ミンコフ著、岩井八郎・岩井紀子訳、有斐閣、2013年）p 362上段3-8

12 The Corsini encyclopedia of psychology and behavioral science. 3rd edition. New York, John Willey and Sons.

CQは「**多様な文化的背景に効果的に対応できる能力**[13]」と定義され、4つの要素で構成されています。

1・異なる文化で効果を出したいという「動機」
2・異なる文化に対する「知識」
3・異なる文化のなかで効果を発揮するために知識を活かして準備し、何がうまくいって何が失敗したかをリフレクションする「戦略」
4・異なる文化でのバーバル、ノン・バーバルのコミュニケーションを指す「行動（スキル、アクション）」

どの要素も連動しており、異文化に対する違いに気づき、知識を身につけ、準備し実践し、内省するサイクルを繰り返すことで、誰もが高めていくことが可能です。

日本では「文化の知能指数」と訳されることが多いですが、日本語にするより、CQ（Cultural Intelligence）と英語を使ってしまったほうがその意味するところや概念が伝わりやすいので、本書ではCQを使います。

要は、**違う文化の人とともに問題を解決し、目的を達成することができる力**のことで

13　Soon Ang and Linn Van Dyne, "Conceptualization of Cultural Intelligence" in Handbook of Cultural Intelligence : Theory, Measurement, and Applications（Armonk, NY : M.E. Sharpe, 2008）, 3.

す。IQ、EQを超えて、いまやCQが不可欠な時代となりました。

## 語学力と経験だけで異文化理解を語ることの危険性

ビジネスのグローバル化は止められません。そのためには、CQの高い人財を一人でも多く育成することが必須です。しかし、「英語が話せる」「海外経験がある」人が、実はCQが高いわけではないのです。CQにまつわるいくつかの誤解をみていきましょう。

**美しき誤解① 海外在住経験が豊富**

海外駐在要員を選定する、あるいは将来のタレントプールの構築に向けてCQに長けた人を採用する場合、企業は「語学力／過去の駐在／留学経験」をベースにする傾向があります。[14] 確かにそれらは重要な要素です。でも、異文化におけるコンピテンシーを長年研究しているウルスラ・ブリンクマンとオスカー・ヴァン・ベレンブルグは、その著書[15]のなかでこんなことを書いています。

「海外体験の有無と、異文化適応力には、相関関係がない」

14 Cultural Agility : Building a Pipeline of Successful Global Professionals by Paula Caligiuri, 2012, Jossey-Bass, Pp10ff

15 Intercultural Readiness : Four competencies for working across cultures, by Ursula Brinkmann and Oscar van Weerdennburg, palgrave macmilan, 2014, Chapter 5

筆者（宮森）はこれまで、多くのエグゼクティブにお会いしてきました。海外駐在10年近く、数ヵ国を渡り歩き、もちろん英語は問題なく、時には数ヵ国語を操り、IQも高く、人格も立派で、様々な苦労を乗り越え、成功しています。そんな方々からこんな話を聞くことがあります。

「この国の社員はまったくやる気がない。指示されたことしかやらないから、自分の仕事が3～4倍に増えた」

「前任地と比較して、この国の人たちには目標を達成したいという気持ちがない。あの商談を取れば前年比15％の売上を達成できるという場面で、平気で2～3週間の夏季休暇に入ってしまう」

「だからこの地域はあそこと比較して駄目なんだ」

駐在慣れしていると、この国は駄目だなあ、と一度でも感じたら、それ以上の努力をするのは非効率と思ってしまう場合もあります。

一方、彼らを受け入れる側の社員たちからは、

「初めての駐在者のほうが、こちらの事情をわかろうと努力してくれる傾向がある」

「駐在経験のある人は、前任地と日本の視点で私たちを評価する」

という声が聞こえてきます。


あるアジアの国の日本法人で働いている現地社員に話を伺ったときには、

「駐在経験の多い日本人は、私たちの国の良い点を見ようとせず、悪い点ばかりに注目するので、相互理解が進まない」

という哀しくなる話も聞きました。


昨今の留学や駐在の問題点として、「仕事はこなす」が、「日本人同士で固まる」「滞在先で友人を作らない」「YouTubeなどで日本の情報に接してばかりで、現地の情報には疎い」ということも挙げられます。

日本人に限ったことではありません。ある外資系企業の駐在員で、都心の六本木や麻布の超高級住宅に住み、自国の商工会議所の活動に熱心でも、日本人の友人が一人もいない人もいます。こういう人が、日本のことを「理解している」と本社に言い張る姿を見て、

がっかりしたことも一度や二度ではありません。

CQについてはいくつかのメタ分析[16]がなされていますが、そのほとんどで「海外に住んだ経験と異文化適応力は比例しない」という結果が出ています。

海外に住んだことは、必ずしもその文化のなかに適応したことを意味しません。適応できずに辛い思いをすれば、その体験ばかりが刷り込まれます。駐在経験を重ねたからといって、その次の赴任国でより良いパフォーマンスができるわけではないという調査結果もあります[17]。この調査では、駐在経験、海外経験があるというだけで採用したり、海外駐在員に任命することのリスクをあげています。

海外在住経験が豊富な人財は過去の実績と自信があるので、新しい赴任地について拙速に評価や判断をする傾向もあるようです。そこで一度刷り込まれてしまった思い込みを払拭するのは、なかなか難しいことです。

**美しき誤解②　最後は人間同士なんだから文化の違いは関係ない**

異文化ワークショップのファシリテーターをしていると、次のように問われることがあります。

16 Input - Based and Time - Based Models of International Adjustment : Meta Analytic Evidence and Theoretical Extentions by Purnima Bhaskar - Shrinivas, David A. Harrision, Margaret A. Shaffer and Dora M. Luk
In Touch with the Dutch, by Marian van Bakel IRC book page 120

17 Predicting Expatriate Job Performance for Selection Purpose : A quantitative review, conduced by Stefan T. Mol, Marise Ph. Born, Madde E. Willemsen and Henk van der Molen. IRC page 121

「最後は人間なんだし、一人ひとりまったく異なるのだから、文化の影響を勉強しても、無駄ではないか？」

特に米国系の人財・組織開発理論に造詣が深く、あるいはコーチングなどの分野で高い評価を受けた方々から、こうした質問を受けることが多々あります。

人間の行動に影響を与える心のプログラムには、3つのレベルがあります。私たち個々人は、まったく違う遺伝子を持ち、それによって受け継がれた特性や経験に影響を受けています。同時に、私たちは「人間」という動物としての共通の遺伝子を持ち、身体と基本的な精神の働きを持ち、喜怒哀楽の感情を共有しています。その意味で、私たちは一人ひとりがまったく違う個人でありながら、多くの共通した部分を持っています。

しかし、人間は社会的動物ですので、私たちの行動やふるまいは、集団のなかでうまく生きていくために心に埋め込まれたプログラムである「文化」の影響をも受けるのです。

国民文化の違いを理解することができれば、対話の相手の状況が、個人によるものなのか、それとも文化によるものなのかがわかるようになります。個人も大事ですが、文化の影響力について考えることも大事なのです。

## 美しき誤解③　仕事の専門性があれば異文化適応力は必要ない

最後は、仕事の専門性に関するものです。同じ業界、同じ職種であれば、語学にそれほど自信がなくても異文化間コミュニケーションは成立するかのように感じることがあるかもしれません。研究開発、生産製造など理系職種は英語がそれほど流暢でなくても意思疎通ができることも多いでしょう。財務会計は経営の共通言語です。

しかし、たとえば「品質」とは何を意味するのか、概念は国によって異なります。本書「はじめに」のグーグル検索の日英比較で触れたとおり、同じ言葉を使っていても意味することがまったく違っていると、わかった気になっているぶん、さらに問題が悪化する可能性があるのです。

プレゼンテーション手法など、ビジネス上のソフトスキルには「グローバル基準」と呼ばれるものがあります。しかしそれが、本当にどの国でも通用するのかどうか、一度立ち止まって考えてみることも必要なのではないでしょうか。「経営やリーダーシッ

**図1-5**　人の行動に影響を与える心のプログラム

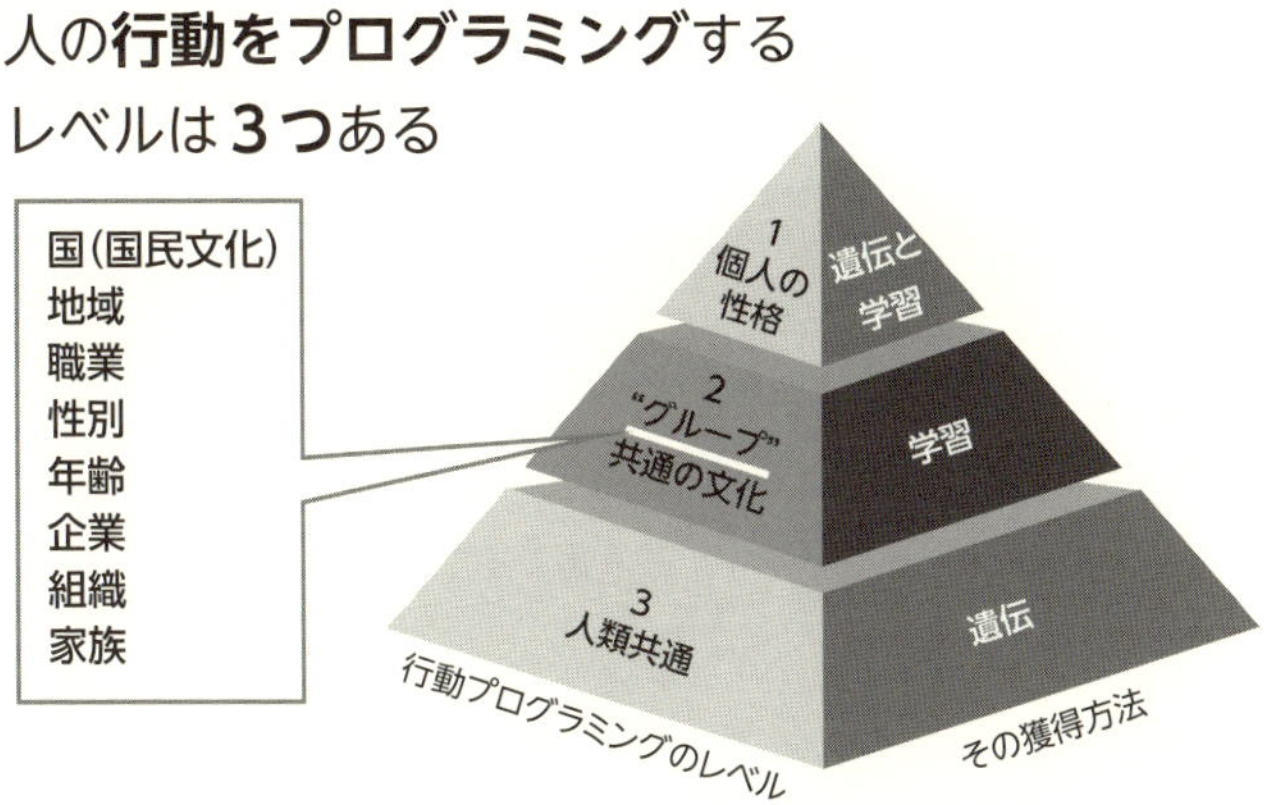


『多文化世界［原書第3版］』(G.ホフステード・G.J.ホフステード・M.ミンコフ著、岩井八郎・岩井紀子訳、有斐閣、2013年) p5の図1・1に加筆

プは社会のほかの部分とは切り離すことができない」[18]のです。

## 他人のメガネをかけて物を見ることの重要性

異なる文化の人とうまくやりたいと願うのであれば、相手がどのような社会に属していて、どのようなシステムで動いているのか、また何を大事にしてどんなコミュニケーションをしているかに、関心を抱きましょう。

自分の持っている日本というメガネを外して、相手のメガネをかけてみてください。そのためには、その国の価値観を知ることが重要です。

その意味で、私たちはCQの4つ要素のうち、「知識」を出発点と考えています。

異なる文化のなかで効果を出したい、成功したいという「動機」が人一倍あっても、ともに働く人々の社会の暗黙のルールを「知識」として知らなければ、その気持ちは空回りに終わってしまいます。

逆に知識を身につけ、自分と異なる文化の人たちと働く前に、「戦略」を練り、実践し、内省することができれば、やがて彼らとうまく付き合うためのスキル＝「行動」が自然に

18 『多文化世界［原書第3版］』（G.ホフステード・G.J.ホフステード・M.ミンコフ著、岩井八郎・岩井紀子訳、有斐閣、2013年）p21上段5-6

できるようになり、人間にはもっと学びたい、成長したいという欲求が湧いてきますので、動機づけにもつながります。

そこで次章からは、CQ知識の源である異なる文化の人たちの社会のルールを読み解く具体的なツール「ホフステードの6次元モデル」について詳しく紹介していきます。

コラム1

# マグリブの商人とジェノバの商人

一時期IQに並んでビジネスパーソンに必要な資質として「心の知能指数＝EQ」という言葉が流行しましたが、グローバル時代を迎えた今日、新たに注目されているキーワードがあります。それが「異文化適応力＝CQ（Cultural Intelligence Quotient）」です。これは異質な文化的背景のなかで効果的に機能する能力、つまり「文化の知能指数」を指します。

なぜいまこうした能力がビジネスの世界で注目を集めているのでしょうか。

それを考察するうえで、米国の経済学者アブナー・グライフが分析したある商業集団の話を紹介しましょう。

11～12世紀の地中海においてイスラム圏と欧州をつなぐ2つの商業集団がありました。1つは北アフリカのイスラム圏を拠点とする、ユダヤ商人を中心とした「マグリブの商人」です。彼らは、身内からなる内集団を組織することで、鉄の結束を築き、拡大していきました。マグリブの商人にとって、「評判」は自らが属する内集団のなかに居続けるために、何より重要でした。なぜなら、一度でも仲間を裏切り悪評がたてば、ビジネスを続けることが困難になるためです。

そしてもう1つは、キリスト教圏、現在のイタリア北西部を中心とした「ジェノバの商人」です。彼らは内集団における評判システムの代わりに法システムを発展させ、契約による取引で成長していきました。ジェノバの商人にとって重要なのは、未知の相手と良好な関係を築くための「信頼」でした。

この2つの商業集団は地中海を舞台に覇権を競いましたが、最終的に欧州貿易の中心となったのは、ジェノバの商人でした。マグリブの商人は評判の仕組みを使いながら内集団の裏切りを防ぐ「安心ネットワーク」をつくり出しましたが、商圏が拡大するにつれてそれを維持することが困難となったのです。

一方、ジェノバの商人は、裏切りに遭うコストやルールをつくる手間をかけつつ、多様な相手と「信頼ネットワーク」を築くことに成功しました。これが結果的に、商圏を拡大する段階では有利に働いたのです。

この史実はグローバル社会に生きる者にとって学びがあるように思います。社会心理学者の山岸俊男教授は以上のエピソードを踏まえながら「安心社会から信頼社会へ」[16]という言葉で、これからの日本のあり方を説いています。筆者なりに解釈すると、「安心ネットワーク」が築かれた集団主義的な社会では、みな評判を気にして動くため、人の見極めにそれほど時間とコストをかける必要はありませんでした。しかし、いま我々が直面しているグローバル社会においては、未知の文化的背景を持つ相手を理解し、見知らぬ人と信頼を構築する術を学ぶことこそが、生き残るための最重要スキルなのだと思います。

そうした意味で、グローバル志向の経営者にとっては、安寧の地を捨て、未知の領域で新

16 『安心社会から信頼社会へ』（山岸俊男、中公新書、1999年）

たな信頼を構築していく強い意志が必要になるでしょう。ＣＱを高めることは、その長い旅を楽しいものにしてくれるはずです。

（宮林隆吉）

# 第2章

# 多様な文化を理解するフレームワーク「ホフステードの6次元モデル」

## イタリアにおける掃除へのこだわり

日本では約8割の人が年末の大掃除を行っていますが、イタリアにその習慣はありません。日々、徹底して掃除をするからです。イタリア女性は平均すると週に21時間を清掃に使い、バスルームの床を週に4度磨いています。そして、洗剤の消費量は群を抜いて高い。

そこで、掃除を楽にする時間節約型製品には大きな需要が見込まれるのではないかという仮説から、ユニリーバは英国・米国で成功していた全目的型洗剤「Cif」[1]を投入しました。

しかしほどなく、撤退を余儀なくされました。イタリアで必要とされていたのは、時間を節約する全目的型洗剤ではなく、「汚れを完璧に落とす」製品でした。イタリア女性は、8種類以上の洗剤を常備し、汚れに応じて異なる洗剤を使用するべきだと信じていたので、ユニリーバは最初の投入失敗後、18ヵ月をかけて製品を改良。当初投入したものより洗浄力をあげると同時に、いくつかの製品ラインナップを揃えることで、市場への再投入は成功しました。[2]

イタリアでは、仕事を持つ女性はクリーニングレディを雇うのが普通です。筆者（宮

1　日本では「ジフ」として展開されているブランド
https://www.unilever.co.jp/news/press-releases/2016/jif-jyokin-sheet.html

2　Women in Italy Like To Clean but Shun The Quick and Easy
Convenience Doesn't Sell When Bathrooms Average Four Scrubbings a Week By Deborah Ball *The Wall Street Journal, April 25, 2006; Page A1*

森）の友人アレッサンドラは、シーツだけでなく下着や靴下へのアイロンのかけ方、汚れに応じた洗剤の使い分けを細かくメモにし、根気よくクリーニングレディに伝えています。

「ウチはきれいで家事は完璧じゃないと。私のマンマから教わったとおりにやらないといけないし、家事のプロセスは自分でコントロールしないと」と言うのが彼女の口癖です。こちらから見れば、クリーニングレディの仕事をすべてチェックすることに時間を使っている彼女は、人にお願いしても仕事が増えるだけなのではないかと気になってしまうくらいです。

これらのエピソードが教えてくれるのは、第一に、私たちが日本でよく使う「欧米」という括りのなかに、はっきりした違いがある、ということ。

第二に、「フルタイムの仕事を持つ女性が家事をこなす」という課題に対する対処方法が、英米とイタリアではまったく違う、ということです。英国・米国では手早く効率的に家事を終えたいと考える人が多く、そのための新しい製品、未知の製品はどんどんトライするのに対して、イタリアでは家を美しく整えておくために時間と手間をかけ、また、「手早く効率的」という未知の製品に対して懐疑的な目を投げかけます。

そして第三に、国境を超えたビジネスで、「何かが起こった」とき、「なぜ起こったのか」

という理由を理解したうえで対処することの重要さです。場当たり的な対処は、その国の顧客や従業員をないがしろにする行為そのものです。正しい原因の理解のためには、「各国の文化、国民性を理解するためのツール」を身につけておくことが欠かせません。

文化の違いを学習する意味は、この目に見えない、心の奥にプログラミングされた「行動の理由」を理解することにあります。問題に対処するには、「なぜ、この社会ではこのような傾向が好まれるか」を理解しなくてはなりません。ユニリーバは18ヵ月かけて製品改良を行い見事に成功しましたが、もし、事前に文化的価値観の違いを理解していたら、時間や費用をもう少し効率的に使うことができていたでしょう。

## ホフステードの6次元モデル

前章では、「文化の距離の差」がリスク・機会の両面からみて大きなインパクトがあるとお伝えしました。そして、この構造を読み解くために経営学の領域では、文化の距離の差という曖昧な概念を指数化して、ビジネスへの影響を分析することが行われてきました。そのなかで最も有名なのが、最初に国の相対的な文化の違いを次元ごとに0から100までの間で「数値化」した、「ホフステードの6次元モデル」[3]です。

3 『世界の経営学者はいま何を考えているのか　―知られざるビジネスの知のフロンティア』第10章（入山章栄著、英治出版、2012年）

ホフステード博士は、人間社会にある普遍的な6つの課題[4]に注目しました。

1・権力との関係
2・個人と集団の関係
3・男性・女性に期待される役割の違いと動機づけ要因
4・知らないこと、曖昧なことへの対応
5・将来への考え方
6・人生の楽しみ方

そしてそれぞれの課題をベースに次の6次元を生み出しました。

**①「権力格差(小さい⇔大きい)」**

階層を重視するのか、それとも平等を重視するのか。親と子、先生と生徒、上司と部下、自分より権力がある人との関係を、力の弱い人がどのようにとらえるのか

**②「集団主義⇔個人主義」**

自分が属する内集団に依存し、その利益を尊重するのか、それとも独立し個人の利益を優先するのか

4　マーガレット・ミード、ルース・ベネディクト、H. T. エンゲルハート、ミルトン・ロキーチなどに代表される20世紀文化人類学研究のなかで、肌の色や人種による人類の優越はない、人間が普遍的に抱える課題は世界共通だが、その対処の仕方が国によって異なるという概念が研究されてきた。

**③「女性性（生活の質）⇕男性性（達成）」**

競争社会のなかで家族、友人、大事な人と一緒にいる時間を大切にするのか、それとも達成する、成功する、地位を得ることによって動機づけられるのか

**④「不確実性の回避　低い⇕高い」**

不確実なこと、曖昧なこと、知らないことを脅威と捉えるのか、それとも気にしないのか

**⑤「短期志向⇕長期志向」**

将来・未来に対してどう考えるのか

**⑥「人生の楽しみ方　抑制的⇕充足的」**

人生を楽しみたい、あるいは楽をしたいという気持ちを抑制して悲観的に考えるのか、それともその気持を発散させ充足させ、ポジティブに考えるのか

これから、一つひとつの次元を見ていくことで、読者の皆さんに「異なる文化を読み解くためのフレームワーク」をお渡しして

**図 2-1　ホフステードの6次元モデル**

| スコア 0 | | スコア 100 |
|---|---|---|
| 権力格差小（参加志向） | 権力/不平等への対応 | 権力格差大（階層志向） |
| 集団主義 | 社会と個人の関係性 | 個人主義 |
| 女性性（生活の質志向） | 動機づけ要因 | 男性性（達成志向） |
| 不確実性の許容 | 未知への対応 | 不確実性の回避 |
| 短期志向 | 過去現在未来の捉え方 | 長期志向 |
| 抑制志向 | 人生の楽しみ方 | 充足志向 |

いきます。

その前に、気に留めていただきたいことがあります。

「ホフステードの6次元モデル」が対象としているのは、国という「社会」における文化の価値観の違いであって、個別の人間の違いではないということです。社会とそこに所属する個人の関係は、ジグソーパズルとそのピースに例えられます。優れたジグソーパズルには、1つとして同じピースがありません。しかし完成すると、まとまった絵柄となります。それと同様、私たち一人ひとりの経験や個人の遺伝子は異なりますが、それが1つにまとまると、「国」という一つひとつの社会を作り出し、それが個人にも無意識に影響を与えています。


もしかしたら、1つの次元の説明のなかに含まれる表面的な現象のなかに、なぜそれが含まれるのか、よくわからないこと、矛盾することもあるでしょうし、ご自分の経験から「これは当てはまらない」と思われることも出てくるかもしれません。

しかし、文化の次元は、あくまでも膨大な統計的な関係に基づく実証研究に基づくものでなければなりません。単純な個別インタビューやトレーニングのアンケート、個人の体験、「感じ」や「質」だけで定義されてはならないのです。

ホフステード理論以降、多くの学者が国民文化の差異を計測し、指数化する試み、ある意味アンチ・ホフステードの取り組みが多く行われてきました。ホフステード博士はそれらの批判を一つひとつ真摯に受け止め、あるときはリピートリサーチを、あるときは因子分析を重ね、定量・定性双方の面から50年をかけて検証されてきたのが「ホフテードの6次元モデル」の指標です。読者の皆さんが直面する異文化のチャレンジをすべて、6次元モデルだけで読み解くことは到底できません。しかし、国の文化の差を理解するフレームワークとして、安心して使えるものだと考えています。

第1の次元

# 権力格差（PDI：Power Distance）

影響力の使い方　日本のミドルパワーをどう活かすか

## ◆サウジアラビアでの記者会見

グローバル製造業で広報担当を務めるジョンは、中東の同僚からの依頼で、サウジアラビアへのメディアツアーを準備していた。サウジアラビア政府は2030年までにGDPランキングで世界10位を目指す「Saudi Vision 2030」を発表して世間の注目を集めており、ジョンの会社にとっては最も大きな顧客でもあり、強いパイプをアピールすることは重要なことだった。

通常、ジャーナリストは企業の広報によるツアーは好まないが、サウジではジャーナリストビザを個人で取得したり、ロイヤルファミリーへのインタビューの機会を得ることはなかなかできないため、米国、ドイツ、スペイン、フィンランド、日本などから10人がツアーへの参加を承諾した。ジョンは同僚を通して、政府の広報担当者が、当日の登壇者である一人の王子への自由質問をしてもよい、という許諾も得ていた。王族とQ＆Aセッションの機会を設けることは、このプレスツアーのまさにハイライトといえるものだった。

イベントの当日、王子はトーブ（白いローブ）を着た50人の従者とともに現れた。「王家と同席できることに感謝をしなさい」という従者の言葉とともに記者会見はスタートし、王子がプロジェクトについて15分ほどのスピーチを終えると、ジャーナリストたちは、ここぞとばかりに手を挙げ質問を開始した。しかし、なんと王子は「答えるつもりはない」と言い残し、50人の従者とともにすぐに部屋を退室してしまったのである。当然ジャーナリストたちは「聞いていた話と違う」と怒り狂ったが、政府の広報担当も、中東の同僚も、「王子のなさることは、いつも正しい」と平然と述べた。

プレスツアーを企画したジョンたちは、ジャーナリストたちから批判を浴びせられ、このプロジェクトに関するPRが世に出ることはほとんどなかった。


これは実体験に基づいたエピソードです。皆さんはどのようにお感じになりましたか？「約束を反故にするなんてひどい」「一体何様なんだ」と、ここに出てくるジャーナリストと同じように理不尽に思う方もいらっしゃるでしょう。

しかし、ここで起きたことを本当に理解するためには、権力との向き合い方が文化圏によって異なるという事実を知らなければなりません。それを教えてくれるのが、「権力格差」という次元です。

## 権力格差：「この世は不平等」という現実をどう扱うか

富、権力、身体的能力、知的能力。この世のありとあらゆるパワーの分配は、不平等です。人間であれば誰でも、それを知っています。でも、その現実にどう向きあうのかは、国によって異なります。ホフステード博士はそれを「**権力格差とは、それぞれの国の制度や組織において、権力の弱い成員が、権力が不平等に分布している状態を予期し、受け入れている程度**[5]」と定義しました。

権力格差は、権力の弱い人の価値に基づいています。家庭における子ども、学校における生徒、組織における部下など、権力のより弱い人たちが、親、教師、上司など、自分より強い権力を

**図 2-2**　権力格差モデル

**1**　**権力格差 Power Distance**　この世のパワーの分布は不平等である、という事実の受け止め方　**[PDI]**

0　50　100

| 小さい | 大きい |
|---|---|
| **参加型**マネジメントの傾向 | **階層型**マネジメントの傾向 |
| 理想の上司は「**コーチ**」 | 理想の上司は「**親**」（家父長） |
| ヒエラルキーは**便宜上**必要<br>（「権威」ではなく）「**影響力**」が成功のカギ | ヒエラルキーは**重要**<br>権威への尊敬＝義務 |
| **分権**や**エンパワーメント** | **中央集権**、**指示命令** |
| **マトリックス**管理：**二人**以上の上司への報告が可能 | **上司一人**への報告が基本で、マトリックス管理は馴染まない |
| 早くから自立を促され、年長者への**敬意は希薄** | 下の者は上司や年長者の言うことを聞き、**敬意を表す** |

持っている人たちとの間に横たわる不平等や距離を、どう受け止めるのか。それは、国によって異なります。

日本のスコアは54。世界のなかでも中間に位置しています。アジア地域では日本は最も権力格差の小さい国であり、日本より権力格差が小さい国々は、米国、英国などのアングロサクソン諸国、ドイツ、北欧諸国とイスラエルです。

## 権力格差の小さい国では「周りをやる気にさせる影響力」がカギ

権力格差の小さいスコア0～45の国は、「権力の不平等はできるかぎりないほうがよい」と考えます。こうした国で有効な力とは、「周りをやる気にさせる影響力」です。

上下の関係は存在しますが、それは目的を果たすために必要な、便宜的なもの。上司や教師、親など、年齢や社会的ランクが

図2-3 権力格差スコアの国別比較

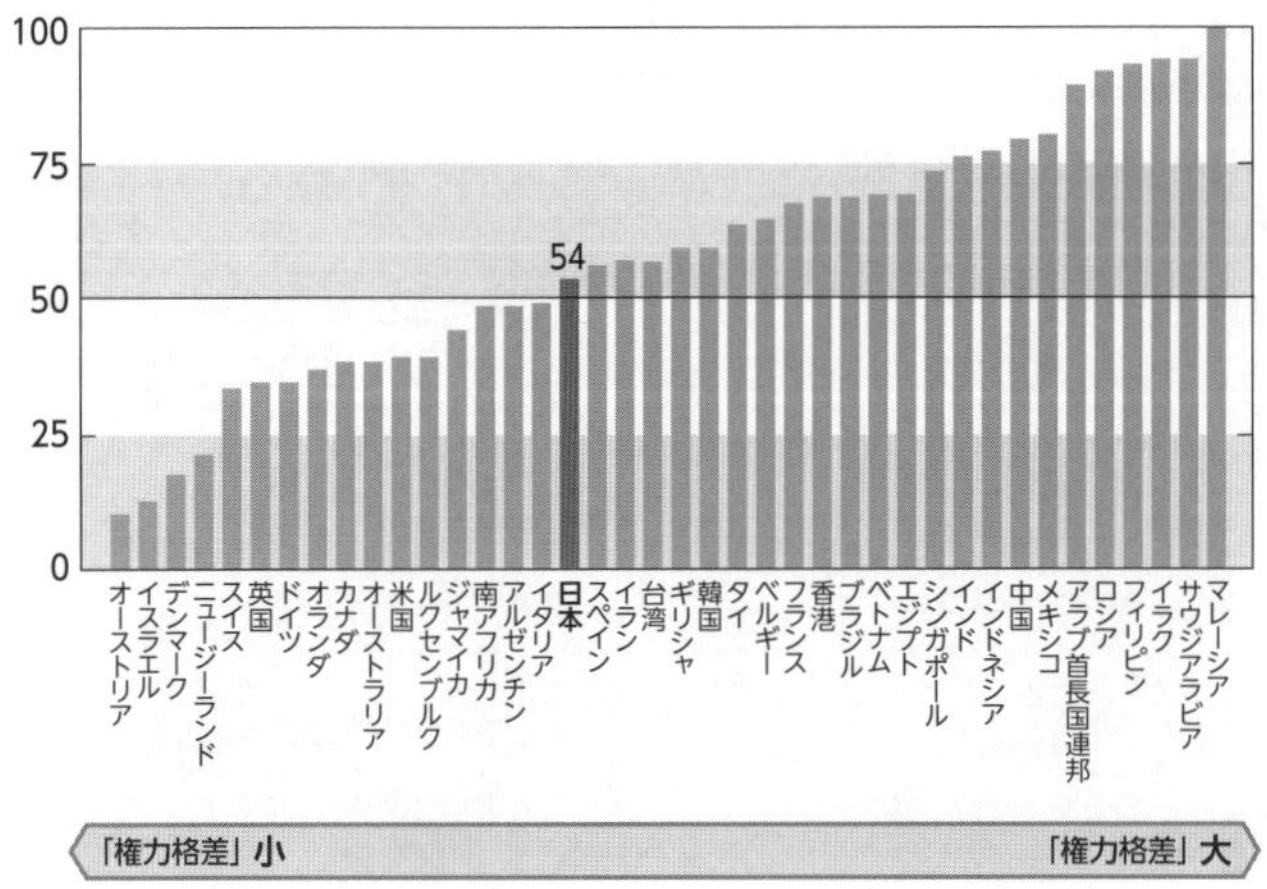

上だからといって、人的に優れていなければならないとは考えません。

こうした国では、人々をやる気にさせる「影響力」が成功のカギになると考えられます。

◎権力格差の小さい国の特徴[6]

- 人々の間の不平等は最小限にすべきであり、人はみな平等な権利を持つべき
- 親は子どもを、子どもは親を平等な存在として扱う
- 教師は生徒を、生徒は教師を平等な存在として扱う
- 教師は生徒が自発的にふるまうことを期待している
- 学習の質は、教師と学生との間のコミュニケーションと、生徒の優秀さによって決まる
- 患者は医者を平等な存在として扱っており、積極的に情報を提供する

◎権力格差の小さい国

- イスラエル、北欧諸国、アングロサクソン諸国（英国、ニュージーランド、カナダ、米国）、ドイツなど

5　『多文化世界［原書第3版］』（G.ホフステード・G.J.ホフステード・M.ミンコフ著、岩井八郎・岩井紀子訳、有斐閣、2013年）p54下段18-20
6　『多文化世界［原書第3版］』（G.ホフステード・G.J.ホフステード・M.ミンコフ著、岩井八郎・岩井紀子訳、有斐閣、2013年）p63表3-3

## 権力格差の大きい国では「畏怖の念」を使いこなす

スコア55～１００の権力格差の大きい国では、権力の不平等は、当然のこととして受け入れられています。

このような環境では上下関係があるのは「当たり前」、社会的ランクの高い人と、そうでない人は平等ではありません。上司、教師、政治家などのパワーホルダーは、人格・能力ともに優れた人物であるべき、と考えられています。部下からの相談や質問に対し、常に最良な方法や正しい回答を知っていると期待され、部下を正しく指導し、家族のことも含めて配慮することが求められます。

こうした国では、リーダーとしての「畏怖の念」を使いこなす力が、成功のカギになります。

◎**権力格差の大きい国の特徴**[7]

- 人々の間に不平等があることは予測されているし、望まれている
- 親は子どもに従順さを教える。親や年長の親族に対して敬意を払うことは、

7 『多文化世界［原書第3版］』（G.ホフステード・G.J.ホフステード・M.ミンコフ著、岩井八郎・岩井紀子訳、有斐閣、2013年）p63表3・3

一生にわたって続く基本的美徳

- 生徒は教師に敬意を払う
- 教師は教室で全主導権を取ることが期待されている
- 学習の質は、教師の優秀さによって決まる
- 患者は医者を目上の人として扱っており、診療は短く、医者が主導権を取る

◎**権力格差の大きい国**

- 東南アジア諸国、中国、インド、ロシア、東欧諸国、中南米諸国、中東諸国、アフリカ諸国、フランス、ポルトガル、ギリシアなど

## 社会システムの違い

### ◆家族

家族は国民文化という心のプログラムを形成する人生最初の場であり、その影響は極めて大きいといえるでしょう。

権力格差の大きい国では、大抵の場合、両親や年上の子どもたちは幼い子どもたちを大切に世話します。しかし、それは甘やかすということではありません。年下の子どもたちに期待されているのは、自立ではなく、従順。両親や年長者への尊敬は大人になっても続き、親の権威は人々の人生のなかで、何らかの役割を果たし続けます。[8]

フランスはスコア68と、権力格差の高い国。子どもは威厳を持って躾けることが大切だと考えられており、電車やレストラン、スーパーなど、公共の場で制限なしに騒ぐ子どもたちを見ることはめったにありません。1800年代初めのナポレオン時代に制定された民法で、親には体罰による教育の権利が与えられており、「お尻をたたく」「頬をたたく」「耳をつねる」といった行為が広く容認されてきていました。調査会社Ｉｆｏｐが2015年に実施した世論調査でも、フランス人の70％が体罰禁止に反対と答えています。[9]

しかし、欧州加盟国に歩調を合わせ、2018年12月、ついにフランス国民議会（下院）は、親による子どもへの体罰を禁止する民法を可決。保護者は「身体的、言語的および心理的暴力、あるいは体罰、屈辱」を最後の手段としてはならないと規定していますが、違反に対する罰則は設けていません。法案を起草した中道派政党「民主運動」のモード・プティ議員によれば、フランス社会に考え方を変えるよう促すためとのことです。[10]

8 『多文化世界［原書第3版］』（G.ホフステード・G.J.ホフステード・M.ミンコフ著、岩井八郎・岩井紀子訳、有斐閣、2013年）p59上段10-下段1

9 Interdiction de la fessée : 70% des Français disent non: LE FIGARO, 13/03/2015
http://www.lefigaro.fr/actualite-france/2015/03/13/01016-20150313ARTFIG00402-interdiction-de-la-fessee-70-des-francais-disent-non.php

10 世論を変えられるか、フランスで子どもへの体罰禁止法案が審議入り：AFP通信
2018年11月30日
http://www.afpbb.com/articles/-/3199853

権力格差の小さい国では、子どもは自分たちで行動できるようになるとすぐ、親と対等に扱われます。子どもと親との関係は友人のようです。親に反対意見を述べることも奨励されており、年齢や地位によって他者に対する行動に違いが出ることがないよう、しつけられます。そのため、年長者だからという理由で尊敬や敬意が払われることはありません。

1966年、欧州で最初に家庭における体罰禁止法を制定したスウェーデンの権力格差のスコアは31。その後EUに加盟する22ヵ国が類似の禁止法を制定していますが、フランスでここまで議論になるのは、権力格差の高さが影響しているといえるでしょう。

## ◆医師と患者の関係

権力格差は、医師と患者の関係にも影響を与えます。

権力格差の大きい国では医師は尊敬すべき存在で、診察時間は短く、医師がすぐに診断し、患者の質問に丁寧に耳を傾けることはめったにありません。

筆者（宮森）は中米のドミニカ共和国で転倒し、地元のクリニックに運ばれた経験があります。医師は自信に満ちて断定的に、効き目の早い注射をするという指示を出しました。どんな症状で何のための薬か、ということをしきりに尋ねましたが質問には答えてもらえませんでした。怖くなってインターネットで調べて見ましたが、一般的な鎮静剤で安心したことがあります。

一方、権力格差の低い国では、医療の現場では患者と医者は対等で、医者は投薬にも患者の希望を聞きます。

筆者（宮森）がオランダで研修の仕事を引き受けたときのこと。前日に39度の熱を出し、病院に行きました。真っ赤な顔で、ぜいぜいして苦しさを訴えているのに、「あなたはどういう薬を服用したいですか？」と問われて唖然としたことがあります。翌日のワークショップまでになんとしても熱を下げたいと要求したところ、医師は「通常はこんなに薬は出さないのだけど」と言いながら処方箋を書いていました。

米国の医師の友人からは、アジア系やヒスパニック系の患者は病状を明確に伝えてくれないので、診断や対応が難しいという話をよく聞きます。権力格差の高い環境で医者と対等に話したり質問する習慣や経験がなかった人が、権力格差の低い国に来ると起きる現象です。

### ◆教育

権力格差は、教育にも大きな影響を与えています。

権力格差の大きい国では、学校でも、生徒は教師に依存したいという欲求が確立しており、教師は敬意や恐れを持って接する存在となります。教室のなかで生徒が教師に公に反対したり、批判したりすることはなく、教育の質は教師の能力と人格に大きく影響されます。

一方、権力格差の小さい国では、教師は生徒と平等な存在とみなされており、生徒の自発性に大きな価値が置かれています。生徒たちは何かわからないことがあれば質問することになっているので、教師に反論したり、批判することもしょっちゅうです。

教育の質は、生徒が自立への欲求を十分に身につけており、教師との間に相互のコミュニケーションができているかどうかにかかってきます。オランダやフィンランドの教育は日本では高い評価を得ていますが、これも生まれたときから、自立への欲求が主要な要素であるとプログラミングされた社会だからこそ、効果的に実践することができます。

## ビジネスの現場で起こること

### ◆上司の指示への対応

職場における上司のパワーの使い方も、国によって変わってきます。親と子、教師と生徒、医者と患者、という基本的な人間関係が、上司と部下、という役割関係にも反映されるのです。

権力格差の小さい国では、組織の階層は少なく、シンプルになります。

筆者（宮森）が米国企業で働いていたときには、日本や英国という地域のボスと、コーポレート・コミュニケーションという職能の上司の、常に二人以上の上司がいました。何をやるか（WHAT）について、大体の方向性は与えられますが、どのように仕事を進めるか（HOW）は、筆者に任されていました。部下は定期的に上司に仕事の進捗を報告し、問題があればアドバイスを求めます。良いアイデアは組織のどの階層からも生まれると考えるので、部下は上司から相談されることを期待していますし、上司への建設的批判ができるかどうかは、大切な資質です。上司も部下に相談したいと考えていますし、優秀な部下には意思決定に参加してほしい、関わってほしいと考えます。目的と方向性がはっきりしているので、階層や職能を超えたコラボレーションもスムーズです。

しかし、権力格差の大きい国では、組織の機能を細かく分け、それぞれの部門が与えられた職務を全うすることが最適と考えるので、組織の階層が多く複雑になります。

意思決定はトップダウン。部下が期待するのは、上司による方向性の決定と指示です。部下自らが意思決定に関わってほしい、あるいは部下に自発的に問題解決を提供してほしいときには、上司からその旨の指示があります。

## 日本組織のミドルパワーと意思決定構造

日本の権力格差のスコアは54と世界のなかでも中間です(図2-3参照、62ページ)。一橋大学の野中郁次郎名誉教授は、知識創造を動かすカギはミドル、日本の中間管理職だと述べています。[8] ミドルにはトップとボトムの間に生じる矛盾を、絶えずタテ・ヨコに動いて解消する役割があるからです。トップのビジョンを解釈し、部下にわかりやすく伝え、あるときは、ボトムの直面する現場感覚を吸い上げてトップに提言します。

ミドルの役割は、それにとどまりません。外的要因を考慮し、組織の課題解決や目標達

8 『知識創造企業』(野中郁次郎 竹内弘高、東洋経済新報社、1996年)

成のシナリオを描き、実践に移したり、ミドルアップという創造的・未来志向的な活動までも求められることがあります。大型投資や合併などの案件も、提案される段階で調整、根回し、段取りが済んでいて、社長は承認するだけというケースもあります。ミドルがトップを巻き込んでドライブできるのも日本ならではです。

同時に、「面従腹背」を座右の銘とする元政府高官もいましたが、日本の組織で働くうえでは、ある程度「上の意向に沿わない着地をする」技術も、ときには必要なのかもしれません。うまくいけば変化の激しい時代に迅速な意思決定ができるミドルアップダウン経営になり、うまくいかなければ全員無責任経営となります。このミドルパワーを健全に発揮させることが、日本企業の活性化のカギになると考えられます。

こうした経営スタイルを他国に展開するときは、その国の文化的バックグラウンドによって受け入れられるかどうかが決まります。例えば、ミドルアップダウンという意思決定プロセスは、権力格差が高いインドや中国といった国では、責任者不在の奇妙な行動に映ることでしょう。

それでは、いくつかミニケースを見ながら理解を深めていきましょう。

## ミニケース　インド発のグローバル企業

人口13億人、名目GDPは世界6位、ここ5年ほど年6～8％以上の高い成長を続けるインド。1991年に産業部門で大々的な規制緩和が行われてから、自由主義経済へと向かうインドでは、グローバルで競争力のある企業が多く誕生してきました。顧客やシェアの獲得だけでなく、高いスキルを持った人財の獲得においても、競争が繰り広げられており、こうした企業の役員が「自分の職場にカースト制度はない」と断言しています。

一方、数千年もの歴史を持つカースト制度は、他のどこにも見られないほど、インド社会に浸透しているのも、また事実です。今日でも、結婚のほとんどはお見合いで、同じカースト内で相手を見つけます。

77という、大きな権力格差のスコアを見てわかるとおり、上位と下位の不平等が実存的に受け入れられているのも、その影響を否定できません。組織における意思決定はトップが行い、部下はそれに従う傾向が強いということです。

インド生まれのグローバル企業では、上司と部下がファーストネームで呼び合い、外国人の目から見れば平等にパワーが分配されているように見えることがあります。そして、指示もカジュアルなスタイルで行われます。しかし、パワーを持っているのは、トップです。部下が指示に逆らうことは期待されていません。

しかし、いくら上司の命令でも、できないこともあります。部下は、なんとかその命令にノーを伝えようとしますが、上司に対して直接、明白にノーと言えないので、そのコミュニケーションは間接的なものになってしまうのです。実際のケースをみてみましょう。

米シカゴ郊外のシステム会社。オフィスで、プロジェクトマネジャーのスーザンはフラストレーションを感じていた。たったいま、テクニカルチームのナディールから、重要顧客H社の納期には間に合わないと電子メールが入ったのだ。

ナディールはインド発のIT企業、バンガロール支社のリーダー。スーザンの会社が長年、アウトソーシングしていた取引先からの出向者。いつもは電話やビデオ会議でやり取りをするが、今回のプロジェクトの重要性を鑑み、助っ人として、数ヵ月前からインド人同僚3名とともにシカゴオフィスに常駐していた。

スーザンはナディールをオフィスに呼び、怒りを隠すことができなかった。

「ナディール、納期については一昨日も確認しましたよね、あなたは間に合うと約束しましたよ」

それを聞くと今度はナディールのほうがびっくり。「私がいつお約束しましたか?」

3日前の二人の会話。

スーザン：ナディール、デッドラインは明後日だけど予定どおりに進んでる？
ナディール：はい、ベストを尽くします。
スーザン：H社からさっき電話をもらったけど、遅れは許されないわ。
ナディール：わかりました。同僚に確認しますね。
スーザン：なにか問題があるの？
ナディール：いえ、わかっています、ただ同僚とチェックする必要があって…。ところで、シカゴの冬はとても厳しいですね。
スーザン：今年は楽なほうよ。とにかく、納期は明後日だから。H社で会いましょう。
ナディール：わかりました。

この会話の何が問題か、おわかりでしょうか？
ナディールは「わかりました」とは答えているものの、同時に「ベストを尽くす、チームメンバーと相談する」と繰り返しています。また、「シカゴの冬が厳しい」と伝えています。実は、バンガロールと比較にはならない寒さのせいで、インド人エンジニアが風邪をこじらせ、納期に遅れが出ていたことを、間接的に伝えたつもりだったのです。

ナディールはリーダーであるスーザンに、「ノー」と言わずに、納期が守れないことをなんとか伝えようとしたのですが、スーザンはその言葉をそのとおりに受け取ったため、二人の間には大きなコミュニケーションギャップが生じてしまいました。

インド人の部下を持って仕事をする場合、彼らが決してノーと言えないことを踏まえて、コミュニケーションの真意を汲み取る必要があります。

## ミニケース　日系企業のITシステム

木村株式会社は日本のグローバル企業。グローバル化と多様性マネジメントに熱心で、マトリックスオーガニゼーション、任せて引き出すマネジメントの研修を全世界的に展開していた。

このほど、本社でグローバルな社内認証用ITシステムの改定が実施されることとなった。ITシステムには各国で開発が必要な要素があり、その手順はイントラネットで世界中に通達された。

日本人ITチームは、電話会議とeメールで米国、中国、マレーシアの各ITマネジャーに新しい基準と手順を説明し、システムの開発を進めていた。どのチームも、開発は納期どおり、すべてうまくいっていると請け負っていた。

本社のITチームが現地を訪問して確認したところ、米国チームは本社の手順どおり、きちんと開発を終えていた。ところが、中国、マレーシアでは、基準と手順はまったく守られておらず、開発も終わっていないことに愕然とした。

当初、日本のITチームは、中国とマレーシアのチームのいい加減さに怒り心頭だった。

このケースの場合、メンバーの一人が後に異文化トレーニングを受け、本社が指示の仕方を世界共通にしていたことに無理があったのではないか、と思い当たりました。マトリクス組織や、目標は握るけれど、任せて引き出すマネジメントを徹底したのが、いけなかったのかもしれない、と。こうした手法は米国ではうまくいったが、権力格差の強い国では機能していなかったのかもしれない、と気づいたのです。

加えて、中国、マレーシアのITチームの直属の上司は現地の社長。本社のITチームはドッテッドレポートラインがあるにす

**図 2-4　権力格差と上司・部下の関係**

| | | 権力格差小の文化 | 権力格差大の文化 |
|---|---|---|---|
| 上司が | 権威を**示す** | **威張っている上司、融通が利かない上司**と感じられる | – |
| | 権威を**示さない** | – | **無能な上司**と感じられる |
| 部下が | 権威に**おもねる** | **卑屈で盲従する部下、主体的でない臆病な部下**だと感じられる | – |
| | 権威に**おもねらない** | – | **侮辱された**と感じる<br>**ストレスがたまる**<br>**無礼だ**と感じられる |

ぎません。本社のＩＴは上司でもなんでもないと思われていた可能性もありました。

早速、日本のＩＴチームの担当者は、日本の経営陣を動かし、中国とマレーシアの支社長に協力するよう指示を出してもらいました。その後支社長と電話会議を行い、プロジェクトの重要さを再度説明してから、現地ＩＴチームの優先度を上げるよう、プレッシャーをかけてもらいました。

仕様についても再度確認し、できているかどうか細かくチェックを重ねたところ、今度は当初よりずっと順調にシステム開発を終えることができました。


国境を超えて仕事をする場合には、権力格差の影響を過小評価せず、国ごとのスコアに合わせて、リーダーシップのスタイルや仕事の依頼方法、チェックの仕方などを変えていく必要があります。

## 第2の次元 集団主義／個人主義（IDV：Individualism）

日本人は集団主義か

### ◆日本の非公式ミーティング

米系保険会社で働く米国人のデービッドは、ニューヨークを離れ日本に駐在し、新しい環境で働きはじめる日を楽しみにしていた。日本の保険市場はグローバルで見ても大きく、ここでの経験が将来のキャリアに活きるのは間違いない。加えて、世界中を旅したことのある彼から見ても、日本という国の文化はユニークで魅力的だったからだ。忙しい日々が始まり、徐々に日本のビジネス慣習にも慣れはじめた頃、彼はビジネススクールの同級生であるマサと久しぶりに飲みに行くことになった。

マサ「どうだい仕事の様子は？　順調かい？」

デービッド「最高だよ。同僚もみんな賢くてフレンドリーでいうことはない」

マサ「それは良かった。海外からの駐在員は日本の商習慣を理解できずに文句いう人多いからね。ちゃんと早く帰れてるかな？」

デービッド「それが想像以上に忙しくてさ…なあ、日本では非公式ミーティングっていうのがあんなに多いものなのかね？」
マサ「非公式ミーティング？　なんだそりゃ」
デービッド「うーん、つまりオフィシャルな打合せのための非公式打合せってやつ。どうも俺は打合せっていうのは議論をする場だと思っていたんだが、ここではみんな事前に何を言うつもりか必死に事前にヒアリングしてるんだよな。なんであんなことやってるのか不思議だね」
マサ「ああ、そういうことね。上の人たちも面子があるからさ、皆の前で議論して誰かが誰かを論破しちゃった日には、後々うまくいくものもいかないこともあるんだよ。丸く収められるように落とし所を先に見つけておくのも部下の仕事の1つなの。みんな〝忖度〟して動いてるんだよ」
デービッド「Wow…教えてくれてありがとう。ところで忖度って何？」
マサ「うーん、なんて訳せばいいのかなぁ…」

---

この会話には、個人主義と集団主義のコミュニケーションの違いが表れています。
個人主義国米国で生まれたデービッドからすると、議論を戦わせながらより良いアイデアを見つけ出すのは当たり前のことでしたが、外資とはいえ日本支社の環境では、公の場

で議論をすることで上司の面子を失わせるリスクがあるため、そうならないように周りが気を使って事前に何本も打合せをしていたというわけです（「面子」は集団主義を語る際にキーワードとなります）。

## 集団主義と個人主義

集団主義とは自分を集団の一部とみなす態度であり、個人主義とは自分を本質的に個人とみなす態度であると一般的に言われています。

しかし、厄介なことに、集団主義とは、それほど単純なものではありません。

ホフステード博士は、内集団の利害が個人の利害よりも優先される社会を「集団主義社会」、個人の利害が内集団の利害よりも優先される社会を「個人主義社会」と呼びながら、それぞれの社会の特徴を以下のように定義しました（「内」集団が、集団主義

**図 2-5　集団主義／個人主義モデル**

**2　集団主義／個人主義**　［IDV］

内集団に統合され、内集団のアイディンティティを重んじるが、個人と個人の結びつきはゆるやか、個人のアイデンティティを重んじるか

0　　50　　100

| 集団主義 Collectivism | Individualism 個人主義 |
|---|---|
| “We”「**私達：所属集団**」 | “Self, I”「**私**」 |
| 所属**集団**の意見、メンバーを尊重 | **個人**の意見、個人の経済力・心理的ニーズの尊重 |
| **暗黙**のコミュニケーション<br>調和を重んじ、直接的な対立を避ける | **明白**なコミュニケーション<br>自分の意見を述べ、対立は必要なものとして捉える |
| **集団**へのフィードバック | **個人**へのフィードバック |
| 恥：**面子**を失う／家族や所属集団への責任 | 罪：**自尊心**の喪失／自分自身への責任 |
| 職務より「**人間関係**」を優先 | 人間関係より「**職務**」を優先 |

を理解するキーワードです）。

「集団主義を特徴とする社会では、人は生まれたときから、メンバー同士の結びつきの強い内集団に統合される。内集団に忠誠を誓うかぎり、人はその集団から生涯にわたって保護される。」[11]

「個人主義を特徴とする社会では、個人と個人の結びつきはゆるやかである。人はそれぞれ、自分自身と肉親の面倒をみればよい。」[12]

「個人」と「集団」の役割をどのようにバランスさせるのかという問いは、人間社会において根源的な課題であり、その影響力も計り知れないと考えられています。日本は、自分たちを集団主義と思い込みがちですが、それはアングロサクソン諸国、北欧諸国、ドイツ、フランスと比較してのことです。実は、この次元の

**図 2-6　集団主義／個人主義スコアの国別比較**

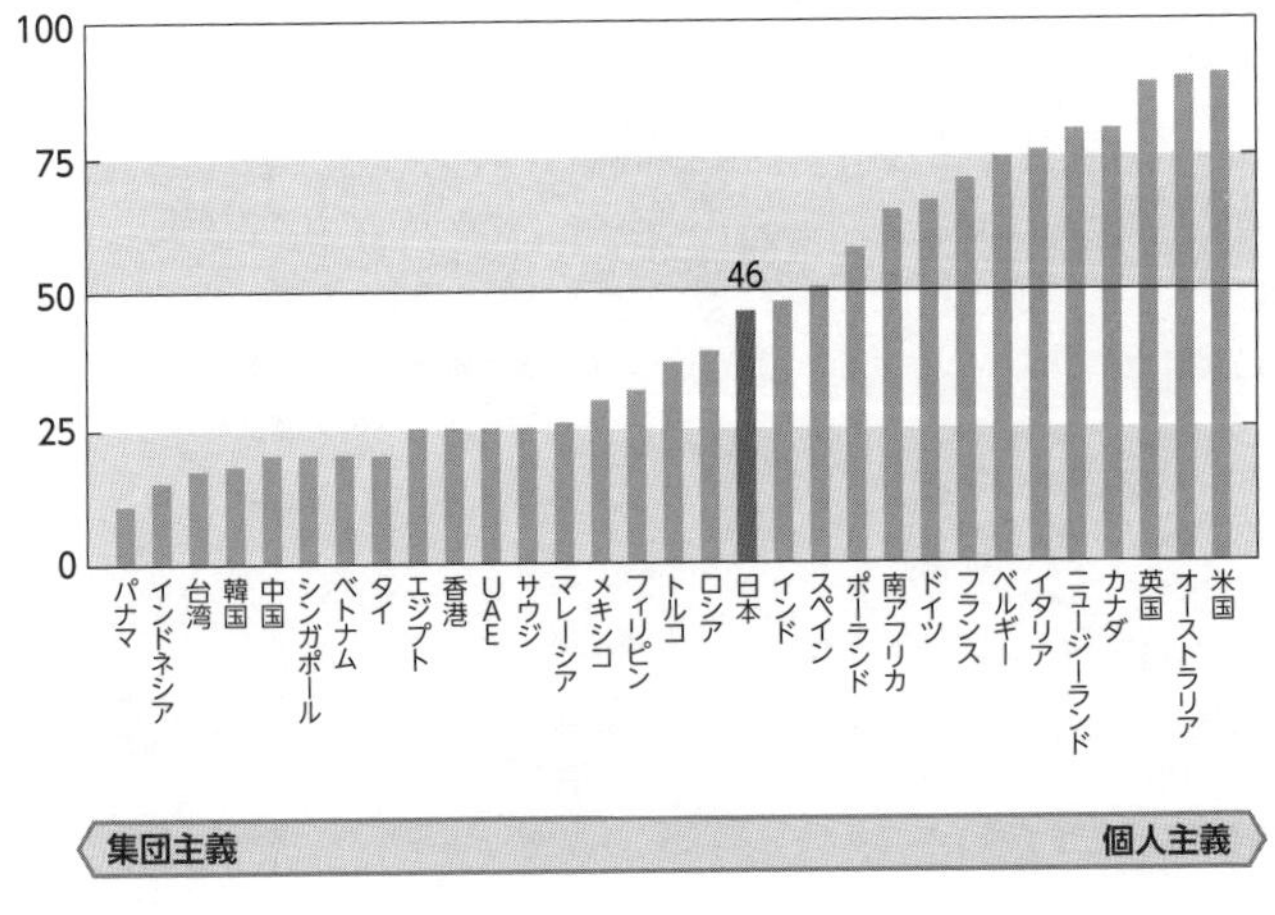

スコアも、権力格差に続いて世界のなかで真ん中です。中国、東南アジア、中東、中南米諸国と比較すると、日本はかなり個人主義の強い国です。これについては後ほど詳しく説明します。

## 集団主義の国

人が生まれて最初に出会う集団は家族です。集団主義の国ではたいていの場合、子どもたちは両親と兄弟だけでなく、祖父母、親戚、同居人などに囲まれ、拡大家族のなかで育ちます。この繋がりは「内集団」と呼ばれ、生まれたときから定められています。忠誠を誓う所属グループは、自分の意志で選ぶことができないのです。

子どもたちは成長するにつれて、自分が「内集団の一員である」という意識を持つようになり、内集団の「外」に対しては、排外的な態度を持ちます。中東で争いが絶えないのも、スンニ派、シーア派などに代表される、宗派・学派によって異なる内集団への忠誠が強いからです。

人生で最初に出会う「集団」との関係は、コミュニケーション手法に大きな影響を与えます。集団主義では、内集団のなかの調和を保ち、対立は避けなければなりません。相手

11 『多文化世界［原書第3版］』（G.ホフステード・G.J.ホフステード・M.ミンコフ著、岩井八郎・岩井紀子訳、有斐閣、2013年）p83上段18-21
12 『多文化世界［原書第3版］』（G.ホフステード・G.J.ホフステード・M.ミンコフ著、岩井八郎・岩井紀子訳、有斐閣、2013年）p83上段15-18

の顔、面子を潰さないよう、話し手の顔色を伺い、意図を推し量ることが大切なので、結果として間接的なコミュニケーションが主流になるわけです。この場合、コミュニケーションが成り立つかどうかの責任は、聞き手にあります。

◎**集団主義の国の特徴**[13]

- 人は内集団のなかに生まれて、その集団に忠誠を誓うかぎり保護される
- 子どもは「私たちは」という視点から物事を考えることを学ぶ
- 内集団と外集団では、価値観の基準が異なる。排外主義的
- 内集団のなかでは常に調和が保たれ、直接対決は忌避される
- 不法行為を起こすことは、本人と内集団にとって恥であり、面子を失う
- 資産は親族と共有する
- コミュニケーションはコンテクスト（状況）に左右されやすい

◎**集団主義の国**

- 中国、東南アジア諸国、中東諸国、中南米諸国、ロシア、ポルトガルなど

13 『多文化世界［原書第3版］』（G.ホフステード・G.J.ホフステード・M.ミンコフ著、岩井八郎・岩井紀子訳、有斐閣、2013年）p101表4・2

## 個人主義の国

個人主義の国では、子どもたちは両親、あるいはシングルペアレントの下、親と兄弟で構成される核家族のなかで育ちます。親戚に会うのは年に数えるほど。子どもたちは「私」という視点から物事を捉えるようになります。

個人主義では、自分の心の内を語ること、感じていることについて真実を語るのが誠実かつ正直な人間の特徴といわれ、意見の衝突はさらに高次な実りある結果につながると考えられるため、対立を避ける必要はありません。結果として、明白で直接的なコミュニケーションが行われ、コミュニケーションが成り立つかどうかの責任は話し手にあります。

◎個人主義の国の特徴[14]

- 成人すれば、自分と身近な核家族だけの面倒をみればよい
- 子どもは「私は」という視点から物事を考えることを学ぶ
- すべての人に対して同じ価値観が適用される。普遍主義的
- 自分の心の内を語る人こそ、誠実な人

14 『多文化世界［原書第3版］』（G.ホフステード・G.J.ホフステード・M.ミンコフ著、岩井八郎・岩井紀子訳、有斐閣、2013年）p101表4・2

- 不法行為を起こすことは、罪の意識を掻き立て、自尊心を傷つける
- 所有権は個人のものであり、子どもとも共有しない
- コミュニケーションはコンテクスト（状況）に左右されにくい

◎**個人主義の国**

- アングロサクソン諸国（英国、ニュージーランド、カナダ、米国）、北欧諸国、ドイツ、フランスなど

## 社会システムの違い

個人主義・集団主義の傾向は、社会システムのなかでも特に教育現場、経済システムと情報インフラの領域に大きな影響を与えています。

### ◆教育現場への影響

昨今「アクティブラーニング」という、ディベートやグループワークを主体とした能動

的学習メソッドが日本の教育の場を中心に拡がってきています。教師が一方的に生徒に知識を授けるのではなく、生徒が自ら課題を考え、意見を発信する機会を与えることで「自ら考え学ぶ力を養うこと」に主眼を置いたこの学習方法は、米国をはじめとする個人主義国の教育機関で広く浸透しているものです。

筆者（宮林）もケースメソッドと呼ばれる生徒間のディスカッションのみで構成される授業を、欧州のビジネススクールに留学した際に経験しました。授業前に特定の企業に関するケースと資料を読み込み、本番は教授のファシリテーションのもとで、生徒が課題についで自分なりの考えを述べ、その解決方法について議論し合うのですが、この授業スタイルに慣れるまでに本当に苦労したのを覚えています。少なくとも筆者が日本の義務教育で受けた授業では、課題は教師が与えてくれるものだったので、授業中に「何が問題なのか」と問われることもなければ、教師の絶妙なファシリテーションでクラスの仲の良い友人と「議論を戦わせられる」こともありませんでした。

一方、集団主義的な環境では、自然にディスカッションが生まれることはありません。生徒は調和と面子の維持に神経を集中させますし、そもそも集団の一員たる自分が集団の許可なしに勝手な発言をすべきではないという自制が働くのです。

また、ここにあまり自分たちがよく知らない人間が混じっている場合には、さらに発言を躊躇してしまう傾向にあります。

こういう環境下で生徒に発言をさせるには、教師が指名して強制的に話させるか、3〜4人の小集団を作ってグループとしての回答をさせるように仕向けるのが有効です。

このように、教育現場にはその社会の持つ個人主義・集団主義の文化が多大な影響を与えます。

よく個人主義的な文化を持つ国の教師が、集団主義的な国に来た際に、「この国の生徒は全然自分の意見を言ってくれない」「まったく質問が出ないので拍子抜けしてしまう」といった不平をもらすことがありますが、これこそ自国中心の尺度でしかものを見ていない態度といえるでしょう。何かを断定を下す前に、「なぜそうなのか？」と自分に問いかけてみてはいかがでしょうか。

逆に、我々日本人は、グローバルビジネスで向き合うパートナーたちの多くが個人主義の強い国の影響を受けているという事実を受け止め、それと向き合うために自分のどの部分がアップデートが可能なのかを問い、行動し続ける必要があるでしょう。

◆経済システムへの影響

米国には、センター・フォー・インディビデュアリズム（Center for Individualism）という非営利団体があります。個人主義こそが高成長、経済成長、幸福の源としていて、そのミッションは、最近の集団主義と依存にシフトしている「米国における自立と個人主義の再生をリードする」ことを謳っています。

英国や米国のような個人主義の強い国では、公正な競争のもとで個人が利益を追い求めれば、『国富論』を著したイギリスの学者アダム・スミスの言うところの「見えざる手」が働いて国家全体の富を増大させる、という考えが当たり前のように受け入れられています。多くの人は、経済システムにおいて国家の果たす役割は最小のものであるべきと考えています。

一方、集団主義の強い国では、こうした内集団の利害関係を無視した利己的な行動をよしとはしません。マズローが欲求階層理論で説く最も高次の欲求である「自己実現」は、個人社会の国にとって重要なものですが、集団主義の社会ではそうでもなく、むしろ「社会の調和」と「意見の一致」のほうがはるかに魅力的に映るのです。[15]

集団主義の国のほとんどで権力格差が大きいため、結果的に経済システムは、国家が支配的な役割を果たすものとなっていきます。

15 『多文化世界［原書第3版］』（G.ホフステード・G.J.ホフステード・M.ミンコフ著、岩井八郎・岩井紀子訳、有斐閣、2013年）p114下段20-p115下段13

## ◆情報インフラへの影響

ニューヨーク大学スターン経営大学院のスコット・ギャロウェイ教授は、著書[16]のなかでグーグル、アップル、フェイスブック、アマゾンを現代のビジネスを激変させたIT企業として紹介し、警鐘を鳴らしました。この4つの巨大IT企業がすべて米国から生まれたのはただの偶然なのでしょうか。

ホフステード博士は現代の情報コミュニケーション技術（ICT）のほとんどが、米国という極めて個人主義的な社会で開発されたものだと指摘しています。ICTは個人の能力を拡張する道具であるため、集団主義的な社会よりも個人主義的な社会でこそ頻繁に用いられるからです。いくつかのデータがこれを裏づけています。

EUの世論調査によると、ヨーロッパ諸国のなかで個人主義の強い国ほど、インターネットへのアクセスやeメールの使用が多いことがわかっています。彼らは日常的にコンピューターを使ってオンラインショッピングをしたり、コミュニケーションを楽しんでいます。一方、ヨーロッパでも集団主義の傾向を持つ国の人々は、より直接的な方法で社会とつながることを好む傾向があり、実際、調査のなかでも「インターネットを使わない人のほうが、自分自身や家族、友人との時間を多くとることができる」と主張しました。[17]

グーグルやフェイスブックを規制で締め出した中国は、排他的な集団主義の側面を持っ

16 『the four GAFA　四騎士が創り変えた世界』（スコット・ギャロウェイ著、渡会圭子訳、東洋経済新報社、2018年）

17 『多文化世界［原書第3版］』（G.ホフステード・G.J.ホフステード・M.ミンコフ著、岩井八郎・岩井紀子訳、有斐閣、2013年）p111下段10-18

た国ですが、別の形で情報インフラの整備を行っています。例えば、アリババやテンセントといった個々の企業と国とが連携しながら、深圳のようなイノベーション特区を発展させるなど、国ぐるみの実験を繰り返しているのです。なお、中国のキャッシュレス比率は60%を超えていると言われています（日本は18%）[18]。権力格差の高さと、後の章で紹介する不確実性の回避の低さからくる「やってみて失敗すればいい」という価値観が、国が決めたことは一斉に導入され、直ちに実践に移されます。情報インフラの構築に国民文化が深い影響を与えているといえると感じさせられます。

## ビジネスの現場で起こること

### ◆誰と仕事をするのか：職務と人間関係

筆者（宮森）は、サウジアラビアで開催するイベントの支援スタッフを務めたことがあります。UAEのドバイに滞在し、メールや電話を駆使して、リモートで準備をするよう、指示されました。ところが現地の担当者にいくらメールを打っても何の返事もありません。電話も留守電。ついにはイベントの3日前に出張から戻ってきた現地法人の社長に訴えたところ、あっという間にこの問題は解決しました。イベント当日の会場で担当者か

18　キャッシュレスNOW(1) 日本経済新聞2018年9月4日

ら言われた言葉を、忘れることはできません。

「これまで会ったこともなく、誰かの紹介もない人と、仕事ができるわけがない」

一方、米国では、名もない個人コンサルタントの筆者であっても、数度のメールと電話で、異文化ファシリテーションの仕事を請け負うことができます。

なぜなら個人主義社会では、その個人の能力と契約がすべてだからです。職務をこなせるスキルセットがあるかないかが最も重要であり、職務が人間関係よりも優先されます。後は契約により約束を遂行させるという信用の仕組みに頼っているわけです。

集団主義社会では、人間関係が職務よりも優先されます。仕事の前にまず人間関係が結ばれなければなりません。中国や中南米に出張に行かれた方は、食事に誘われたり、飲みに誘われたりした経験があるかと思います。歓迎の意ももちろんありますが、むしろ「この人間と一緒に仕事をして大丈夫か？」と、あらゆる点からチェックされる場として捉えるべきです。

個人主義の強い社会では、採用の際には、空いたポジションごとに必要なスキルセットを明示しながら募集が行われるのが普通であり、特定の知り合いに便宜を図る縁故採用は、基本的にＮＧです。

しかし、集団主義では、自分の内集団のメンバーを優遇することが当たり前で倫理的、健全とみなされます。空いたポジションがあれば、自分の内集団の信頼できる人を推薦します。

オランダのグローバル企業で異文化研修を行ったときにこの点を説明したら、参加していたナイジェリア人から大変感謝されました。「今度故郷に帰ったとき、私の家族を採用できない理由を、これでやっと説明できる」と。

## ミニケース　フィリピンの英会話スクール

日本の企業派遣で米国の著名ビジネススクールでＭＢＡを取った20代後半の山田さん。米国人が中心のクラスメートのなかで自己主張を鍛えられ、卒業後、フィリピンの現地法人に新規事業担当マネジャーとして着任した。

仕事は、フィリピンで日本人向け英会話スクールを新たに立ち上げること。事業は順調に成長していた。

ある日、山田さんは学生の評価が高い教師、ローズマリーの授業を見学することになった。ローズマリーは人間関係構築が上手で、クラスには笑い声が溢れていたが、ちょっとした文法解釈を間違えて教えていた。
山田さんは
「ローズマリー、その文法解釈はおかしいんじゃないの？」
とその場で指摘。その途端、ローズマリーは顔を真っ赤にし、もうこれ以上授業を続けられないからと、教室を走り去った。翌日、彼女は辞表を提出し、学校運営は大混乱に陥った。

〈何が間違っていたのか〉

フィリピンは個人主義スコアが32と、集団主義の社会です。グループ内の調和を保ちながら、各々の面子を守ることが何よりも重要です。
一方、山田さんは世界でも最も個人主義が強い社会（スコア91）で努力してＭＢＡを取ったため、その価値観が正しいと思い込んでしまいました。彼女は公の場でローズマリーの間違いを指摘することでクラスの品質を高めようとしたのですが、逆に彼女の顔を潰してしまいました。それがローズマリーの退職の直接的原因であったことを、山田さんはいまも理解できずにいます。よって、これからも同様の出来事が起きる可能性があります。

## 中国人は個人主義か

筆者(宮森)が中国・大連のコールセンターへ出張に行ったときのこと。ある俳優の方にコールセンターを密着取材してもらい、大連に勤務する日本人オペレーターの採用促進を目的とした記事を雑誌に掲載するのが目的でした。

初日のディナー。何度か、「乾杯!」と杯を飲み干した後、大連のカウンターパート、呉さんから突然、「住宅ローンはいくら残ってますか?」と聞かれました。そして、「あなたの年収は? ご主人の年収は? なぜ子どもがいないの?」と、矢継ぎ早の質問が続きました。

初対面の人になぜここまでプライバシーに関する質問をされなければいけないのか。失礼だと思いましたし、答えに戸惑っていたところ、同席していた日本語の堪能な鄭さんが言いました。

「呉さんは君に関心があるんだよ。質問に答えたほうが、明日からの仕事がうまくいくと思うよ」

中国では、たとえ初対面の相手でも、興味があれば急接近してくることがあります。プライベートな質問を重ねて相手との距離感を意図的に縮め、その答え方で信頼できるかどうかを見極めます。そのために、人間観察力と人物評価力をいつも磨いているのだそうです。

呉さんの個人的な質問に答えた筆者はどうやらお眼鏡にかない、翌日からの取材をスムーズに進めることができました。

企業向け異文化研修をしていて、「中国は集団主義」とお伝えすると、必ず反論があります。

「中国人社員は育成してもすぐに辞めてしまう」
「チームのために働くことをしない」
「中国人は、個人主義だ」

中国人は、仕事の付き合いと個々人の付き合いの2つを意識して使い分けています。また、会社という抽象的な存在に忠誠心を

**図 2-7 集団主義／個人主義とコミュニケーションの関係**

| | 集団主義の文化において | 個人主義の文化において |
|---|---|---|
| 個人主義的価値観でコミュニケーションをとると ＞ | ■ 侮辱されている<br>■ ストレスがたまる<br>■ 無作法、無礼である<br>■ 上司に忠実でない<br>と思われる | ー |
| 集団主義的価値観でコミュニケーションをとると ＞ | ー | ■ 正直ではない<br>■ 適切ではない<br>■ 縁故主義<br>■ 決断が遅い<br>と思われる |

持つことは難しく、中国人の忠誠心は具体的な「人」に向けられます。中国人と信頼関係を結ぶには、ときには会社という看板を外して個人と個人の関係に踏み込む必要があります。信頼関係が一度できると、会社ではなく個人に対して忠義心を発揮するようになります。たとえ会社を辞めても、個人への忠誠心は保たれ、活きた人脈として、新たなビジネス機会が広がる可能性があります。

中国人は、「私が死ぬ日には、家族との関係もうまくいき、友人との関係も良好で、同僚との関係もうまくできたと、そういう状態で死にたい」と考えるそうです[19]。日本人のような組織への忠誠心が見られないだけで、米国、西欧の個人主義とはまったく異なります。

## 日本人は集団主義か

「日本人は本当に集団主義なのか、それはビジネスにプラスなのか」という議論[20]が実務家から経営学者の間でも盛んに行われてきたように、私たちが国民性の違いを最初に意識するのは、「個人主義か、集団主義か」という視点かもしれません。

日本人は自分たちを「集団主義の強い国」と思い込み、「集団的な日本人は個人というものが確立していないので、常に集団として行動する」と考える傾向があります。日本＝

19 『中国人との「関係」のつくりかた』(デイヴィッド・ツェ著、古田茂美訳、ディスカヴァー・トゥエンティワン、2012年7月)
20 『世界の経営学者はいま何を考えているか―知られざるビジネスの知のフロンティア』(入山章栄、英治出版、2012年)

集団主義のイメージが確立したのは、第二次世界大戦時、文化人類学の視点から米軍の占領政策に助言したルース・ベネディクトの著書『菊と刀』が原点といわれていますが、集団主義は日本社会を説明できる唯一の理論として学会やマスコミで発信され、米国における日本像に大きな影響を及ぼしてきました。

しかし、日本は本当に、集団主義なのでしょうか。1つ面白い研究を紹介します。

## ◆集団主義のパラドックス

集団主義／個人主義のスコアを見ると、ちょうど中間(46)に位置しているのが日本です(82ページ参照)。米国、西欧諸国と比較すれば集団主義ですが、中国、中東、中南米諸国と比較すれば、個人主義の傾向が強いといえます。このどっちつかずのスコアの解釈は難しいですが、社会心理学者の山岸俊男氏の研究が納得感を与えてくれます。以下の質問文は著作『日本の「安心」はなぜ、消えたのか』(集英社インターナショナル、2008、77~79ページ、86ページ)のなかからの引用です。

山岸氏は「日本は本当に集団主義なのか?」という問いに答えるべく、次のような質問を含むアンケート調査を実施しました。

**【第1問】あなたの周りにいる人たち（日本人）は、アメリカ人や西欧の人に比べて、集団主義的な考えの持ち主が多いと思いますか？　それとも個人主義的な考えの人が多いと思いますか？**

**【第2問】あなたは集団主義的な考え方をしていますか？　それとも他の日本人よりも個人主義的な考え方をしていると思いますか？**

この調査の結果、「多くの日本人は『自分自身は集団主義的な考え方をしていないが、周りの人たちは集団主義的な考え方の持ち主である』と思っていることが分かりました。」と同書で結論づけています。

そして、「日本人は自分たちのことを集団主義的な傾向があると考えているが、『自分だけは例外』と考えている集団である」としています。さらに山岸氏はこの日本人特有の「集団主義のパラドックス」が起きる原因を、「個人主義的に行動したら、周りの人たちに嫌われてしまうのではないか」と皆が思い込んでいるからではないかと説明しています。

皆さんは、どう感じますか。筆者（宮林）はこの研究を知ったときに、長年疑問に思っていたことが氷解した気持ちになりました。ＮＨＫの大河ドラマ「真田丸」で、武田家・

上杉家・徳川家を天秤にかけながら策略を練る様子、戦場で一番槍を狙って掛け声をあげる兵士の姿を見たとき、私は日本人が典型的な集団主義国の人間だとは思えませんでした。戦国時代の浪人たちは国から国へと上司を変えながら渡り歩き、まるで転職活動を繰り返している米国のジョブホッパーのようにも見えます。組織に忠誠を誓っているように見えて、状況の変化に応じて、とても個人主義的な行動をとる。「忠臣蔵」が日本人に愛されているのも、普段周囲ほど組織に忠誠を誓えないと思っている人々にとって、「忠士」気分を疑似体験できる「ファンタジー映画」として受け入れられているのではないかと、考えてしまいます。

このように見てくると、一見集団主義的な行動をとっているように見えて、その行動の裏側には個人主義的な思考が行われているという日本人の習性が、ホフステードの中間的スコアに絶妙に現れているといえるのではないでしょうか。

第3の次元

## 女性性／男性性（MAS：Masculinity）

### 日本人は「極める」目的は達成すべきものか、それとも？

### ◆ミシュランで評価の高い日本人シェフ

毎年2月に発表されるミシュランガイド。『ミシュランガイド東京2018年』で星を獲得したレストランは合計234軒で、2位のパリを大きく引き離し、2年連続で世界一となりました。日本人シェフの活躍は国境を超えます。2016年フランス版ミシュランガイドで紹介された日本人シェフによる星付きレストランは24軒でしたが、2018年はそれを大きく上回り、新たに二つ星に加わった5店のうちの2店が日本人シェフのレストラン。さらに、フランスの料理雑誌「ル・シェフ」は、ミシュランの二つ星、三つ星シェフの投票で「ザ・ベスト・シェフ・イン・ザ・ワールド2018」を掲載していますが、トップ100に日本人シェフが13人ランクインしました。[21]

どうして日本人シェフのレストランはこれほどまでに高い評価を受けるのでしょうか。四季の恵み、食材、うまみ。メディアでは色々な理由があげられていますが、ここには「1つの道を極めるまで努力を続ける」という日本特有の国民文化の影響がみられます。

21 「2018年版：星付きシェフが選ぶ世界のトップ100、日本人は13人ランクイン 100 BEST CHEFS 2018」http://sushitimes.co/2018/05/31/20180531_1/

ペンシルバニア大学の心理学者アンジェラ・リー・ダックワース氏は、成功を収める人たちが持つ共通点を「グリット（Ｇｒｉｔ：やり抜く力）[22]」とし、物事に対する情熱と、継続的な粘り強い努力を通じて目標を達成する力にあるとしました。日本は、世界でも際立って、物事に対する情熱を持って道を極める、という傾向が強い国民文化を持っています。（「継続的な粘り強い努力」をする傾向も強く、こちらは第５の次元「短期志向／長期志向」のパートで紹介します。）

ホフステード博士はこの傾向を「女性性／男性性：弱者や生活の質を重視するか、競争原理における成功や地位を重視するか」という次元で表わしました。

## 目標必達・極める文化―男性性

男性性が強い傾向の社会（スコア55～１００）では、社会的に成功することが重視されます。設定された目標は必ず達成すべき

図 2-8　女性性／男性性モデル

3
女性性／男性性
競争原理の中で弱者への思いやりや生活の質を重視するか、
業績、成功や地位を重視するか。
[MAS]
0
50
100

| 女性性 Femininity | Masculinity 男性性 |
| --- | --- |
| **福祉**社会：弱者を支援 | **業績重視**の社会：成功者を賞賛 |
| **生活の質、連帯、協力**を重視 | **成功、地位、他社より秀でる**ことを重視 |
| 目的や目標は**方向性を示す**もの（達成するものではなく、状況に応じて変わる） | **明確**な目標とターゲット |
| 良い上司：**関係構築力**があり、意見をまとめることに長けている | 良い上司：**決定力**がありアサーティブ |
| インセンティブ：金銭的なものだけでなく、**生活の質を高める**労働環境 | インセンティブ：**昇級、昇格、賞賛、チャレンジ**のある仕事 |
| 仕事より**家庭** | 家庭より**仕事** |
| 男性と女性の果たす役割について、感情的に**同じ**ものに期待する | 男性と女性が果たす役割について、感情的に**異なる**ものを期待する |

ものであり、絶え間ない努力が求められ、その結果成功した者は周りの人々から賞賛されます。また、男女の社会的役割を区別しようとする傾向があり、「男らしい」「女らしい」という表現でものごとを解釈することが多々あります。

例えば、米国・英国・中国・メキシコ・ドイツなどは男性性の傾向を持つ社会であり、目標を常に定め邁進することが評価されますが、日本はそうした国々のなかでも抜きん出て男性性の高い国（スコア95）です。日本の場合は、自らに課した目標に向かって「道を極めていく」という特徴が顕著です。

◎**男性性の特徴**[23]

- 業績主義社会が理想で、強い者、秀でた者が支持される
- 欠点の修正を求める社会
- 働くために生きる。仕事は人生にとって重要な要素
- 女の子は泣いてもいいが、男の子は泣いてはならな

**図 2-9** 女性性／男性性スコアの国別比較

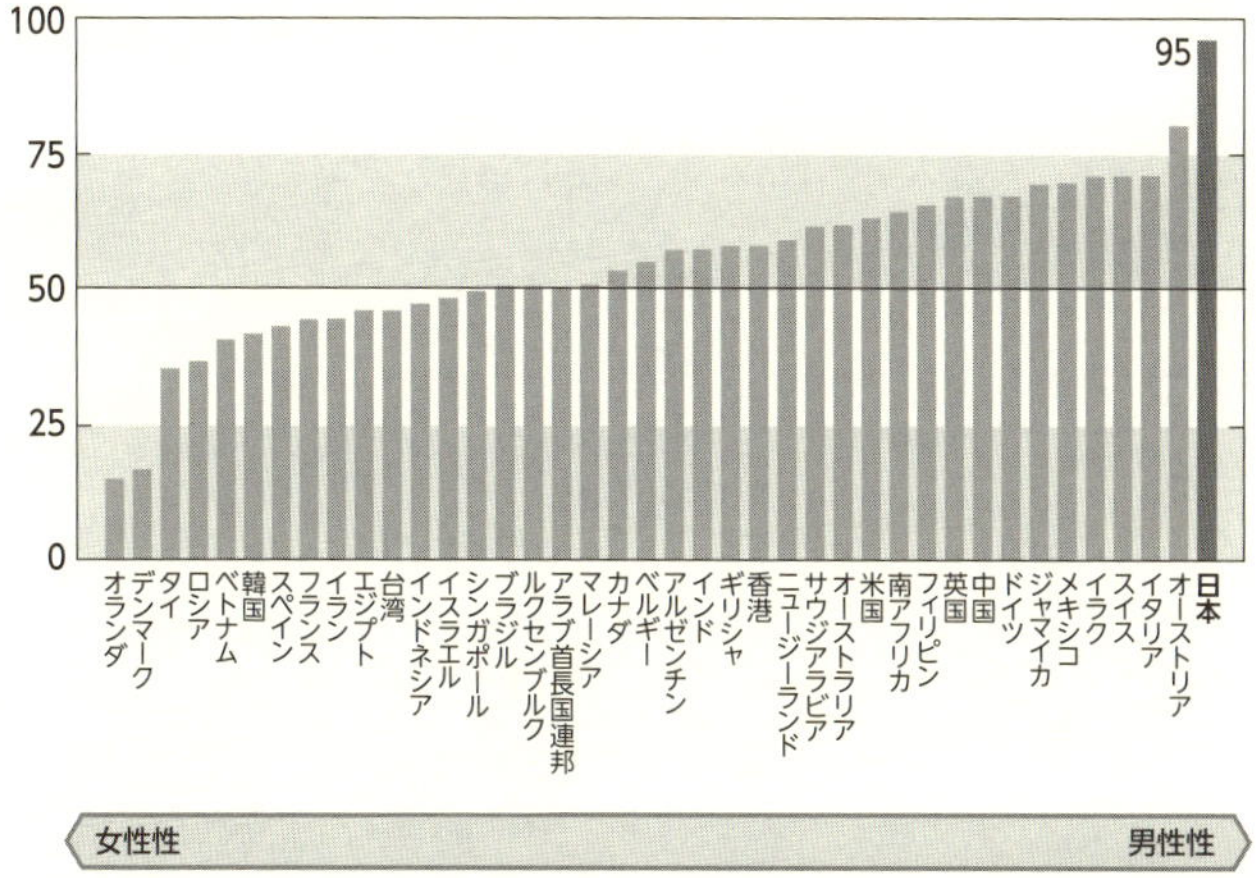

い

- 女性の美の理想は、メディアや有名人に影響される

◎**男性性の国**

- スロバキア、日本、ハンガリー、オーストリア、ベネズエラ、スイス、メキシコ、中国、ドイツ、英国、コロンビア、米国、オーストラリア、ニュージーランド、チェコ、香港、インドなど

## 生活の質、他者への思いやりが重要な文化―女性性

一方、女性性が強い傾向の社会（スコア0〜45）では、目標は全体の方向を示すために必要ですが、必ずしも達成しなくてもよい、と捉えます。

成功は努力だけで達成できるものではなく、時の運でもあり、そこに執着するよりも大切な人と一緒にいる時間を重視し、社会の弱者への思いやりを持って生きるべきだという価値観が共有されています。

22 『やり抜く力 GRIT（グリット）――人生のあらゆる成功を決める「究極の能力」を身につける』（アンジェラ・ダックワース著、神崎朗子訳、ダイヤモンド社、2016年）
23 『多文化世界［原書第3版］』（G.ホフステード・G.J.ホフステード・M.ミンコフ著、岩井八郎・岩井紀子訳、有斐閣、2013年）p140表5・2、p154表5・5、p163表5・6

こうした社会では、男性と女性の社会的な役割が重なり合っています。フランス、スペイン、ポルトガルなどが女性性の傾向を持ち、なかでもスウェーデン、ノルウェー、デンマーク、フィンランド、アイスランドの北欧5ヵ国とオランダは極めて女性性の高いスコアを示しています。

英国の雑誌「エコノミスト」によると、オランダではフルタイム労働者とパートタイム労働者との間で、時間あたりの賃金、社会保険制度への加入、雇用期間、昇進等の労働条件に格差をつけることを禁じ、両者を労働時間数に比例して平等に扱うこととしています。結果として男性が26・8％、女性は76・6％がパートタイムで働いています。[24]

また北欧諸国は、2012年国連が発表した「世界幸福度レポート」で上位に選ばれ、世界最高の教育システム、先進的な環境政策や充実した社会保障制度を持つなど、他国からその生活水準の高さを評価されています。いま、働き方改革が緊急テーマの日本でも北欧に学ぼうという声が増えています。しかし、これらは女性性の高い文化であるからこそ生まれた制度であり、だからこそ国民はこのシステムを維持するために高い税率を課せられても良しとしています。男性性の強い日本に導入するときには、この点を考慮する必要があると思います。

24 Why so many Dutch people work part time
https://www.economist.com/the-economist-explains/2015/05/11/why-so-many-dutch-people-work-part-time

◎**女性性の特徴**[25]

- 福祉社会が理想で、貧しい人、弱い人を助ける
- 寛容な社会
- 生きるために働く
- 男の子も女の子も泣いてもいいが、喧嘩してはいけない
- 女性の美の理想は、両親に影響される

◎**女性性の国**

- スウェーデン、デンマーク、オランダ、ノルウェー、リトアニア、エストニア、ラトビア、フィンランド、コスタリカ、チリ、ポルトガル、ロシア、タイ、韓国、ベトナム

女性性－男性性は、ホフステードの国民文化の次元のなかでも解釈が複雑な次元の1つで、最も論争を招くものでもありました。この次元だけで、一冊の研究書[26]が出ているほどです。

特に女性性－男性性という呼称は、男性性のスコアの強い国では「ジェンダー差別にあ

25　『多文化世界［原書第3版］』（G.ホフステード・G.J.ホフステード・M.ミンコフ著、岩井八郎・岩井紀子訳、有斐閣、2013年）p140表5・2、p154表5·5、p163表5·6

26　Masculinity and Femininity : The Taboo Dimension of National Cultures（Cross Cultural Psychology）, Gert Hofstede and the Associates, SAGE publicatiohn, 1999

たる」として批判を受けることがあるので、「タフvs思いやり（tough vs caring）」「達成志向vs生活の質（Achievement vs Quality of Life）」に置き換えて使われることもあります。面白いことに、私たちの経験上、この呼称を差別的と捉えられるのは男性性の強い国のみで、女性性の高い国では物議を醸し出すことはありません。

２０１７年米国で巻き起こったセクシャルハラスメントの被害体験をＳＮＳで告白する〝#me too〟運動や、昨今日本で繰り返し報道されるパワハラ・セクハラ問題なども、この男性性の高い社会ならではの現象と考えられます。男女の社会的、感情的な役割規定がある社会ほど、ジェンダー間の摩擦が起きやすいのです。米国プロスポーツのチアリーディング、日本の部活の女子マネジャーなど、女性が男性を応援する仕組みは、男性性の強い社会にしか存在しません。一方、同性愛を柔軟に受け入れてきたのは女性性の強い文化の国々です[27]。

## 社会システムの違い

北欧も米国も、個人主義の文化を持ち、自分のことは自分でケアする価値観を持っています。しかし、福祉制度には大きな違いがあります。北欧諸国やオランダでは、すべての

27 Hofstede, Culture and Consequence, P325, Ross, Gay Youth in four cultures : a comparative study, 1989

人に最低限の生活の質を保障すべきであると考えられており、高水準の公教育や十分なケアを提供する医療サービスの実現のために、その財源を高額所得者から集めるのは当然のこととして、収入に応じて高い税率が課されています。

ところが米国では、「より多くの国民に手頃な医療保険を提供し、医療と保険の質を高めつつ、医療保険企業を規制して医療コストを減らす」[28]ことを目的に導入されたオバマケアが、トランプ政権のもとで骨抜きにされようとしています。「保険が払えないほど貧しいのはその人個人の責任であり、持病を抱えるのも自己管理が悪いからだ。なぜそういう人のために自分が割りを食わなくてはいけないのだろう」という声は米国に根強くあるのです。

また、米国で良い公教育を受けようと思ったら、高所得者の住んでいる地域に居住しなければなりません。豊かな人はそれに見合う努力をしているから結果として、その恩恵を受けるという考え方が徹底しています。

男性性の強い国は成長型、業績主義の社会を目指し、女性性の強い国は分配型の福祉国家を目指す傾向[29]があり、その価値観が福祉システムにも反映されています。

28　What is Obama Care：https://obamacarefacts.com/whatis-obamacare/
29　『多文化世界［原書第3版］』（G.ホフステード・G.J.ホフステード・M.ミンコフ著、岩井八郎・岩井紀子訳、有斐閣、2013年）p154下段21-p155上段1

## ビジネスの現場で起こること

### ◆「目標」の持つ意味の違い

「今月のMVP社員」。米国には、前月最も活躍した社員の写真を廊下やエレベーターに飾ったり、モニターに社員の名前を映し出したりしている会社が多くあります。目的を達成し、業績を伸ばした社員は公の場で讃えられると同時に、実績に応じて昇給、昇進などの目に見える報奨が与えられます。中国では、自分に与えられた仕事・役割を忠実にこなし、それに見合う報酬を得る場として会社を捉えています。明確な目標設定と評価基準、それにふさわしい報酬が、モチベーションにつながります。

日本でも、月次表彰や年次表彰を取り入れている会社は多くあります。活躍する社員の成果と努力に光を当てると同時に、成功者への賞賛によって、一緒に働くメンバーへの新たな気づきや刺激を誘発するねらいもあるようです。

日本の場合は特に、自らに課した目標に向かって「道を極めていく」という特徴が顕著です。鮨職人たちが選ぶ最も尊敬する鮨職人のアンケート一位に選ばれ、多くの食通たちを心酔させてきた四ツ谷『すし匠』の中澤圭二さんは、国内の評価を不動のものとしていたにもかかわらず、２０１６年、53歳でハワイに進出しました。築地からネタを空輸するのではなく、地元ハワイや米国大陸沿岸の魚を使って一流の鮨を握る、という前途多難な試みに挑んでいます。それを可能にしたのは、中澤さんが素材の魅力を極限まで引き出す、２００年の歴史を持つ江戸前鮨の技法を極めているとともに、さらにそれを未知の魚で実現していく求道心を持たれていたからです。[30]

男性性の強い社会は、目標に向かって努力し、達成する人を賞賛します。仕事は人生にとって重要なもの。目標達成のためにはハードワークを厭いませんし、ときには家庭生活を犠牲にすることもあります。

一方、女性性の高い国では「今月のＭＶＰ社員」を表彰することはめったにありません。目標は達成するものではなく方向性を決めるためにあり、成果をあげられるのは自分の実力だけではなく、運や周りの助けがあってのことだと解釈されるため、1ヵ月の営業成績がよかったからといって、そんなことでいちいち目立ったり表彰されたりするのは気恥ずかしい、と考えるのです。

女性性の高い文化では、仕事は生きるために必要な手段と認識されています。互いに助け合い交流する機会に恵まれること、子どもの送迎など家族と過ごす時間を取れるよう、

30 『旅する江戸前鮨 「すし匠」中澤圭二の挑戦』（一志治夫著、文藝春秋、2018年）

フレキシブルに時間を調整できることが、仕事へのモチベーションになります。

### ミニケース　人事リーダー候補の選択

ある米国企業が新たに買収した北欧の拠点に、人事リーダーを派遣することになった。候補者は二人。米国人のスーザンは、ずっとこのポジションを狙ってきた。ビジネススーツを着こなし、7時には出社してハードに仕事をこなし、帰宅して夕食を取った後、海外拠点の時差に合わせた、深夜に及ぶビデオ会議も苦にしない。組織にとって正しいと思ったことは直言し、対立したときには相手をディベートで負かすことも。パフォーマンスの出ない社員には、直接的なフィードバックを与える。決定力があり、目的を達成するのが良いリーダーだと、スーザンは信じている。

もう一人の候補は、オランダ人のアレッタ。気さくな性格で、着るものもカジュアル。仕事と家庭のバランスを取り、自分のペースを崩さない。対立は交渉と妥協を通じて解決するものだと考えているため、とても聞き上手。パフォーマンスの出ない部下に対しては、外部環境や家庭の事情を聞き取り、部下が活躍できるよう支援することがマネジャーの役割との信念を持っている。

あなたがこの企業のCEOだったら、買収先の北欧拠点にどちらのリーダーを派遣しますか。きっとここまで読んでくださった読者の皆さんなら、アレッタを選ぶのではないでしょうか。

しかし、この企業はスーザンを派遣しました。米国の経営陣からすれば、スーザンこそがあるべきリーダーシップを持った管理職であり、米国以上のパフォーマンスを残してくれると信じたからです。しかし数ヵ月後、買収先企業の人事チームの70%が退職。女性性の高い北欧では、スーザンのリーダーシップスタイルは効果的ではなかったのです。

目的を達成して手にする成功。決定する力。競争に勝つことへの意欲。大志。健全な野心。

男性性の高い社会で美徳とされるこれらの性質は、謙遜、謙虚に中心的な価値を置く女性性の文化においては、ときに煩わしいものとみなされ、ネガティブな結果をもたらすこともあります。

女性性の強い北欧諸国には、「ヤンテの掟（Jante's law）」と呼ばれるものがあります。ヤンテとは、デンマーク生まれのノルウェー人の作家、サンデモーセの小説に由来する小さな町で、そこで守らなければいけない10ヵ条として1933年に作られました。これは北欧全体の特徴をよく捉えているといわれています。

**・自分の事を特別な存在だと思ってはならない**
**・自分は他人よりも善良であると考えてはならない**
**・自分は他人よりも賢い人物であると思ってはならない**
**・自分は他人よりも優れていると思ってはならない**
**・自分は他人よりも知識が深いと思ってはならない**
**・自分は他人よりも重要な人物であると思ってはならない**
**・自分は何かに秀でていると思ってはならない**
**・他人のことを笑ってはならない**
**・自分が他人から気にかけてもらえると考えてはならない**
**・自分が他人に何かを教えられると思ってはならない**

「ヤンテの掟」は、人にはそれぞれのやり方があり、自分とは違うのだから、お互い尊重し謙虚であるべきというメッセージとして、これを知る日本人には好意的に受け止められています。しかし、当のデンマークや北欧の人々の間では何とも悩ましいものとして捉えられているのです。というのも、このお話のオチは、成功者がおごらず謙虚さを持つようにルールを定めた結果、人々の向上心までなくしてしまった、というものだからです。

デンマークの全国紙「ユランズ・ポステン」のコメンテーター、ニルス・レリロンは、「デンマークは、（中略）成功する人間や傑出した人間を育てません」と指摘し、英国「エコノミスト」誌の北欧特集で「スカンジナビアに生まれたら最高だろう……ただしあなたが平均的な人間であればの話だ。もしあなたが平均的な能力の持ち主で、平均的な野心と平均的な夢を持つ人間であれば、うまくやっていけるだろう。だがあなたが非凡な才能を持ち、大きな夢やビジョンを持っていて、ちょっとだけ人と違っていたら、移住しないとつぶされてしまうだろう」と書いたとしています。[31]

シリコンバレーやニューヨークには、成功したいという意欲のある北欧人がたくさんいます。筆者（宮森）のデンマーク人の友人もその一人。極めて優秀なビジネスリーダーである彼女は、高い税率を課せられたうえに、向上心のない社会で働くのは嫌だと言い続け、まず英国、いまはシリコンバレーに拠点を移しています。

「ヤンテの掟」の真髄は、「ねたみ」でもあります。たとえ優秀で卓越し、成功していても、それを他人にひけらかさず自分のなかに留めます。米国や日本で効果的な、優秀な社

31 『限りなく完璧に近い人々　なぜ北欧の暮らしは世界一幸せなのか？』（マイケル・ブース著、黒田眞知訳、KADOKAWA、2016年）p163

員を人前で褒めるのは逆効果になります。部下の目に、スーザンのふるまいは自信過剰で、攻撃的だと映ったのです。

一方、謙虚で目立つことを嫌う、女性性のなかで重要な美徳は、スーザンにとっては、やる気のなさとしか思えませんでした。このギャップを埋めることはできず、彼女にとって北欧は、二度と足を踏み入れたくない地域となってしまいました。

自分の慣れ親しんだ文化で美徳とされる性質が相手にどう見られるか。相手はどのような美徳を重視しているのかに、注意を払っておいて損はありません。

## 仕事か、プライベートか

「仕事と家庭どちらが大事なの？」

男性性／女性性のスコアが異なる国では、これが深刻な課題となります。

**図 2-10　女性性／男性性とリーダーシップの関係**

| | 女性性の高い文化において | 男性性の高い文化において |
| --- | --- | --- |
| 男性性を発揮すると ＞ | ■ 攻撃的<br>■ 自信過剰<br>■ 自慢している<br>■ 見せびらかしている<br>■ 地位や服装<br>■ 化粧にこだわりすぎ<br>と思われる | − |
| 女性性を発揮すると ＞ | − | ■ 決断力がない<br>■ 目標を達成する力がない<br>■ いつも議論ばかりしている<br>と思われる |

**ミニケース**　**タイの日系企業**

日本企業のタイ支店で、創設以来オフィスマネジャーとして活躍してきたノイさん。歴代支店長と協力し、日本人駐在員とタイ人従業員の架け橋となり、文化の違いを埋めるために様々な努力と配慮を重ねてきた。

そんなノイさんに少し深刻な病気が見つかり、手術を受けることになった。赴任したばかりの新しい日本人支店長に相談したときの第一声は、「それで君のいない間、仕事はどうするのだ」。それを聞いたとき、ノイさんはここではもう働けないと、退職を決意した。

支店長はノイさんに頼り切っていたので、「君がいない間どうすればよいのか？」という意味でこの言葉を発したのであり、悪意はありませんでした。もちろん口にしなくても、ノイさんの身体を心配していました。

しかし、女性性の高いタイでは、どう受け止められたのでしょうか。病気になってもまず、仕事の質問をされる日本企業ではもう働けないと、ノイさんは深刻に捉え、退職したのです。これは、日本人支店長がタイの女性性を理解していなかったゆえに起こった悲劇といえるでしょう。

ＪＥＴＲＯが行った「２０１８年度日本企業の海外事業展開に関するアンケート調査」によると、現在の海外拠点進出先としてタイが2位に、今後海外事業の拡大を図りたい国としてベトナムが2位に上がっており、東南アジア進出の足がかりとして両国への期待が非常に高いことがわかります。

ベトナムとタイはＡＳＥＡＮ諸国のなかでも、女性性の高い国です。進出に際しては、権力格差、集団主義とともに、女性性が職場に与える影響を考えておく必要があります。女性性の高い国では、長時間労働やハードワークに嫌悪感を抱く人が多いのです。仕事と家族のイベントであれば、家族を優先しますし、残業代を払うから働いてくれ、と言っても、ノーという答えが返ってきます。こうした態度は日本人から見れば怠惰だ、というように見えるかもしれませんが、女性性の高い国では、「他者への思いやり」が非常に重視されます。北欧やオランダでは、個人のレベルに留まります。しかし、権力格差が高く集団主義のタイ、ベトナムでは、上司には人間として優れた人格者であることが期待されます。社員とその家族を含めて幸せになれるような環境づくりを経営陣が心がけることが大切になるでしょう。

第4の次元
## 不確実性の回避（UAI：Uncertainty Avoidance）
### 日本人は「枠組み」が好き？　未知の出来事への対処法

### ◆英国での鉄道遅延証明

宮田さんが、初の短期海外アサインメントとして英国西部にあるブリストルの事業部に初出勤したときのこと。

ロンドンからブリストルまで電車で一時間半。宮田さんは余裕をもって早めに家を出たが、突然電車が止まり、「技術的な理由により、しばらく停車します」というアナウンスが入った。

その後15分、電車はただ止まったまま、何の放送もない。焦り始めた宮田さんは、ちょうど通りかかった車掌さんに聞いた。

「あとどのくらいかかるんですか？」

「いやあー、わからないです…」

「え？　わからないって…、技術的な理由ってなんですか？」

「技術的な理由は技術的な理由ですよ」

周りを見回すと、焦っているのは自分だけ。乗客はほぼ全員ゆっくり新聞を読んだり、紅茶をのんだり、くつろいでいる。遅刻が確実になったので、宮田さんは上司に電話で「電車が止まっているので遅れます。初出勤日なのに本当に申し訳ありません」と連絡したところ、「Take it easy! 英国の鉄道網は日本ほど優秀じゃないから気にしないで」と軽く返されて拍子抜け。


生真面目な宮田さんはブリストルの駅の改札で駅員にこう言った。

「遅延証明書をください」

すると駅員は
「はあ？ The paper to certify the delay?? 何のこと??」

「日本では、電車の遅延が原因で遅刻になると鉄道会社が証明書を出すので、それを会社に提出しなくてはならないんです。そういう決まりなんです」

駅員は大声で笑い出した。

「そんな証明書を出していたら、この駅にある紙という紙をすべて使い果たしてしまうよ。英国の会社にはそんなものは存在しないから安心して会社に行きなさい」

「?-?-?-」

会社に着いた宮田さんは、すぐ上司のところに行って詫びた。

「初出勤なのに遅刻して申し訳ありませんでした。電車が遅れてしまったのに遅延証明書ももらえなくて、ほんとに申し訳ありません」

すると、状況を聞いた上司も大声で笑い出し、

「ここは、日本と違うんだよ。英国では電車が時間どおり発着したら、それだけでその日はラッキー。ルールは、状況によって変わるものだから、なんでもフレキシブルに対応するようにね」

---

世界一の鉄道発着率を誇り、電車のトラブル（故障や事故）は通勤・通学の大敵だと考える人たちが多く、少しでも遅延すると理由を丁寧に説明し、遅延証明書を出す日本の鉄道会社。

かたや電車が定時運行したら「ついて」おり、一時間遅れてはじめて「ご迷惑をおかけして申し訳ありません」とアナウンスさ

**図 2-11　不確実性の回避モデル**

4
不確実性の回避
不確実で曖昧な状況に脅威を感じ
それを避けるために仕組みを形成する程度
[UAI]
0
50
100

| 低い Low | High 高い |
|---|---|
| 規則はできるかぎり**少ない**ほうがいい | 規則、構造を感情的に**必要**とする |
| 曖昧な状況、不慣れな状態を**楽しむ** | 曖昧な状況、前例のない状況を**嫌う** |
| **リラックス**している | **ストレス**が多い |
| **実務家、常識**への信頼 | **専門家**への信頼 |
| 成功するためにリスクを**取る** | 失敗しないためにリスクを**避ける** |
| 「Out of box thinking」／**新しい手法を奨励**する | **形式、構造を重視**して仕事を進める |
| トップマネジメントは**戦略**にフォーカス | トップマネジメントは日々の**オペレーション**を気にする |
| 学生は**学習のプロセス**（良いディスカッション）を求め、教師がすべての回答を知らなくても気にしない | 学生は「**正しい答え**」を求め、教師がすべての回答を示すことを期待する |

れ、遅延届は存在しない英国の鉄道会社。

この両者の違いを説明するのが「不確実性の回避」という次元です。「ある文化の成員があいまいな状況や未知の状況に対して脅威を感じる程度[32]」と定義されます。

## 不確実性の回避が高い国

不確実性を回避したいという傾向の強い国では、予測可能性を高めれば不確実性を回避できると考えるため、多くの成文化された規則、制度があり、日々の生活のなかにも様々な慣習的な規則があります。なぜなら、人々が不安やストレスを感じやすく、それをできるだけ避けるために、ルール、仕組み、約束事を「感情的に」必要としているからです。

5分間隔の時刻表を組み、ダイヤ通りに新幹線を運営する日本では、世界のなかでも圧倒的に不確実性を回避したい国です。電車が遅れたときのマメなアナウンス、「遅延届」は、予測を超えた出来事に対処するために必要な手続きであり、安心するための仕組みでもあります。

過去2000年もの間、定期的に自然災害を体験してきた日本は、自然災害が起きてしまったら受け入れるしかないと、どこかで諦観がある一方、それに備えて準備できること

32 『多文化世界［原書第3版］』（G.ホフステード・G.J.ホフステード・M.ミンコフ著、岩井八郎・岩井紀子訳、有斐閣、2013年）p177上段12-13

は全部やっておこうという気持ちが、長年にわたり人々の心に刷り込まれています。この刷り込みは、自然災害だけでなく、社会のシステムに大きな影響を与えています。

例えば、会社の登記にも、役所での書類手続きも、車や家を買うにもいつも必要なハンコの制度。いまでも、世界で唯一、印鑑登録制度を残している国が日本です。政府も2018年に入ってようやく、行政の生産性向上の施策として、「法人設立時の印鑑届出義務の廃止」や「政府手続きにおける押印の見直し」など、印章に関する各種制度を大幅に見直す内容が盛り込まれた「デジタル・ガバメント実行計画」を決定しました。生産性向上の阻害要因だとわかっていても、なぜ、ハンコ文化から抜け出るのにこれほど長い時間がかかるのか。

「前例がない」ので、どんな状況になるのかがクリアになってからでないと変革しにくいのは、不確実性の回避が高い文化の特徴が極端に出ているからでしょう。

世界の異なる国の人々の社会文化的、道徳的、宗教的、政治的価値観を調査するため、社会科学者によって現在行われている国際プロジェクト、世界価値観調査（WVS、World Values Survey）[33]の2010年版でも、「冒険し、リスクを冒し、刺激のある生活を求める人」のカテゴリーに自分が入らないと答えている人が、調査対象60ヵ国中、最も

33 http://www.worldvaluessurvey.org

多いのが日本です。

◎不確実性の回避度が高い国の特徴[34]

- 人生に絶えずつきまとう不確実性が脅威。それを取り除くために形式、ルール、規則が必要とされ、構造化された環境を求める
- ストレスが高く、不安感がある
- トップマネジメントは日々のオペレーションにフォーカス
- 医師や弁護士など、「その道のプロ」である専門家を信頼する傾向がある
- 学生は「正しい答え」を求め、教師がすべての回答を示すことを期待する

◎不確実性の回避度が高い国

- 中東諸国、中南米諸国、ポルトガル、ベルギー、ロシア、ポーランド、日本、ルーマニア、フランス、ブルガリア、韓国、ドイツ、台湾など

34　『多文化世界［原書第3版］』（G.ホフステード・G.J.ホフステード・M.ミンコフ著、岩井八郎・岩井紀子訳、有斐閣、2013年）、p186表6-2、p190表6-3、p198表6-4

# 不確実なこと、曖昧なことを気にしない文化

ドイツと英国は、多くの共通点を持っていますが、不確実性の回避のスコアには大きな差があります。英国の社会学者ピーター・ローレンスによれば、ドイツでは、たまたま列車が遅れると、禁欲的とも悲劇的ともいえる調子でその事実が伝えられます。[35]電車が時刻表どおり運行されると「ラッキー」と考える英国は、曖昧さや不確実なことを受け入れる国です。

英国には、成文の憲法がありません。憲法はマグナ・カルタや権利章典などの法律、慣習法、そして判例法など、多様な法源によって成立しています。また、英国からの移民たちによって作られた米国の憲法は、第二次世界大戦が終了した１９４５年以降だけでも６回改正されています。[36]

未知の体験であっても、リスクの度合いがわからなくても、と

**図2-12** 不確実性の回避スコアの国別比較

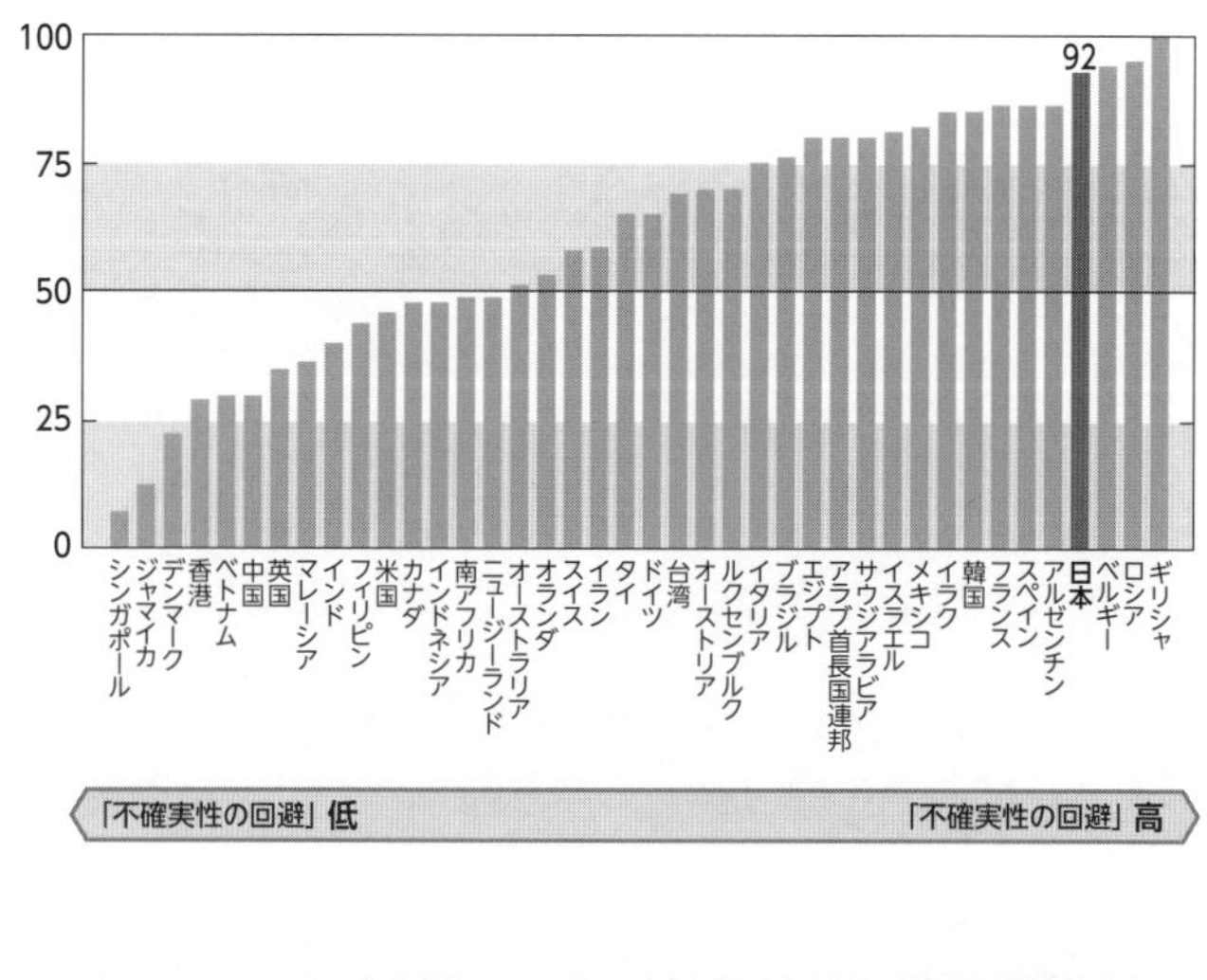

にかくやってみよう、法律が機能しなければ撤回するか改正していこう、と考える傾向が強いのが英国・米国に代表されるアングロサクソン諸国といえます。

北欧諸国や、中国やシンガポールなどの中華圏、インド。こうした国々も、規則ややり方にとらわれません。不確実性の回避度が低い文化では、本当に必要なルールのみが存在し、それは忠実に守られます。成功するためにリスクを取るし、失敗を恐れません。こうした国ではこれまでとまったく違ったやり方、失敗してもトライし続けることが推奨されます。彼らは不確実性や曖昧さに直面しても不安やストレスを感じず、リラックスしています。ルールの運用も臨機応変というのが彼らの流儀なのです。

筆者（宮森）も英国に住んでいた頃、一方通行を気づかずに逆走し（まだカーナビのなかった時代のことです）、警官に呼び止められたことがあります。

「日本から来たばかりなので、この辺の地理に詳しくなくて」と正直に告白したら、「次からは地図で確かめてから来てね」とあっさり見逃してもらえ、別れ際に警官が「英国には『禁止されている事以外すべて許される』という諺があるんだよ」と言ってくれたことがいまでも忘れられません。

35 Lawrence, P. "Managers and Management in West Germany", 1980
36 『諸外国における戦後の憲法改正［第4版］』（山岡規雄他、国立国会図書館、2014年）

**◎不確実性の回避度が低い国の特徴[37]**

- 人生とは不確実なもの、不確実なことが自然。ルールや形式、構造にはこだわらない
- ストレスも低く不安感もそれほどない
- 専門家や学者より、常識や実務家を信頼する傾向がある
- 学生は学習のプロセス（自由で良いディスカッションの場）を求め、教師が「わからない」と答えても気にしない

**◎不確実性の回避度が低い国**

- ジャマイカ、シンガポール、デンマーク、スウェーデン、香港、ベトナム、中国、英国、マレーシア、インド、米国、インドネシアなど

## 社会システムの違い

不確実性回避の傾向は、その国の法律制度等の社会のルールのあり方に影響を与えてい

37 『多文化世界［原書第3版］』（G.ホフステード・G.J.ホフステード・M.ミンコフ著、岩井八郎・岩井紀子訳、有斐閣、2013年）p186表6·2、p190表6·3、p198表6·4

ます。

不確実性の回避が高い国は、低い国に比べて、より厳密な法律制度を持つ傾向がありま す。例えばドイツでは、法律の施行ができないときに備えて「非常立法」という法律まで 準備するなど、予想できない出来事が起きたときのことを想像しながら事前に対応策を 練っておく入念さを持っています。

こうした特徴は、成文憲法すらない英国とは大きな違いです。むしろ英国のような不確 実性の回避が低い国では、法律に対する法律が機能しなければ撤回するか修正するべきだ という考えのほうが浸透しており、そもそもの規律に対する態度が異なるのです[38]。

もちろん、この次元が単独で法律制定に影響を与えているわけではなく、個人主義や集 団主義の程度にも依存するといわれています。例えば、不確実性の回避が高く個人主義的 な国では、規則ははっきりと成文化される傾向にあります。不確実性の回避が高く集団主 義的な国では、暗黙の了解部分が大きく、規則は明文化されてはいません。

不確実性の回避スコアは、社会の基盤となる法令の形に影響を与えることから、イノ ベーションの議論とともに扱われることが多くあります。

実際に数々の世界的スタートアップを生み出すシリコンバレーを擁する米国や、いまや

38 『多文化世界［原書第3版］』（G.ホフステード・G.J.ホフステード・M.ミンコフ著、岩井八郎・岩井紀子訳、有斐閣、2013年）p198下段17-p199上段2

キャッシュレス都市としてその名を轟かせている深圳を生み出した中国は、いずれもこのスコアが低い国なのです。もちろんイノベーションを「アイデア×エグゼキューション（実行力）」だと考えると、構想したものを実現する緻密な実行力は不確実性が低い国の持つ強みだとも捉えられます。

世界で最も高い不確実性回避傾向を持つ日本人としては、こうした特徴を強みに変える強い意志を持っていきたいものです。

## ビジネスの現場で起こること

### ◆プロジェクトの進め方の違い

法律、規則・規制は、人間社会の不確実な要素を取り除くために存在します。

不確実性を回避したいという傾向が高い社会では、低い国と比較して、より厳密なシステムが存在します。しかし、心情的にルールを必要とするので、まったく意味がなかったり、形式的なこともしばしば起こります。欧州諸国の高速道路における最高速度は時速100キロ以上が普通ですが、なかでも不確実性の回避が高いフランス、ベルギーは120〜130キロを超えます。不確実性の回避が高い国は日々のストレスが多く、運転でそれを晴らす、という意味もあるのかもしれません。

いずれにせよ、不確実性の回避が高い国の人々が、たとえ意味がなくても規則が存在するというだけで安心するという点は、低い国の人々にはなかなか理解されません。

なぜなら、彼らは規則がなくても問題は解決できると考えているからです。ここに海外でプロジェクトを進める際に必ず起きうるトラブルの根が埋まっているのです。詳しくみていきましょう。

**図2-13**は、プロジェクトを進める際の企業行動と時間軸をイメージで表したものです。不確実性を気にしない国、つまり不確実性の回避が低い国は、プロジェクトを進める際に、失敗することも織り込みながらスピード優先で進める傾向にあります。米国ではこうしたコンセプトを「リーンスタートアップ」という言葉で表し、短期間で結果を出しながら物事を前に進めていく手法が好まれます。

一方、不確実性を嫌う国、つまり不確実性の回避が高い日本の

**図2-13** プロジェクトにおける企業行動と時間の関係

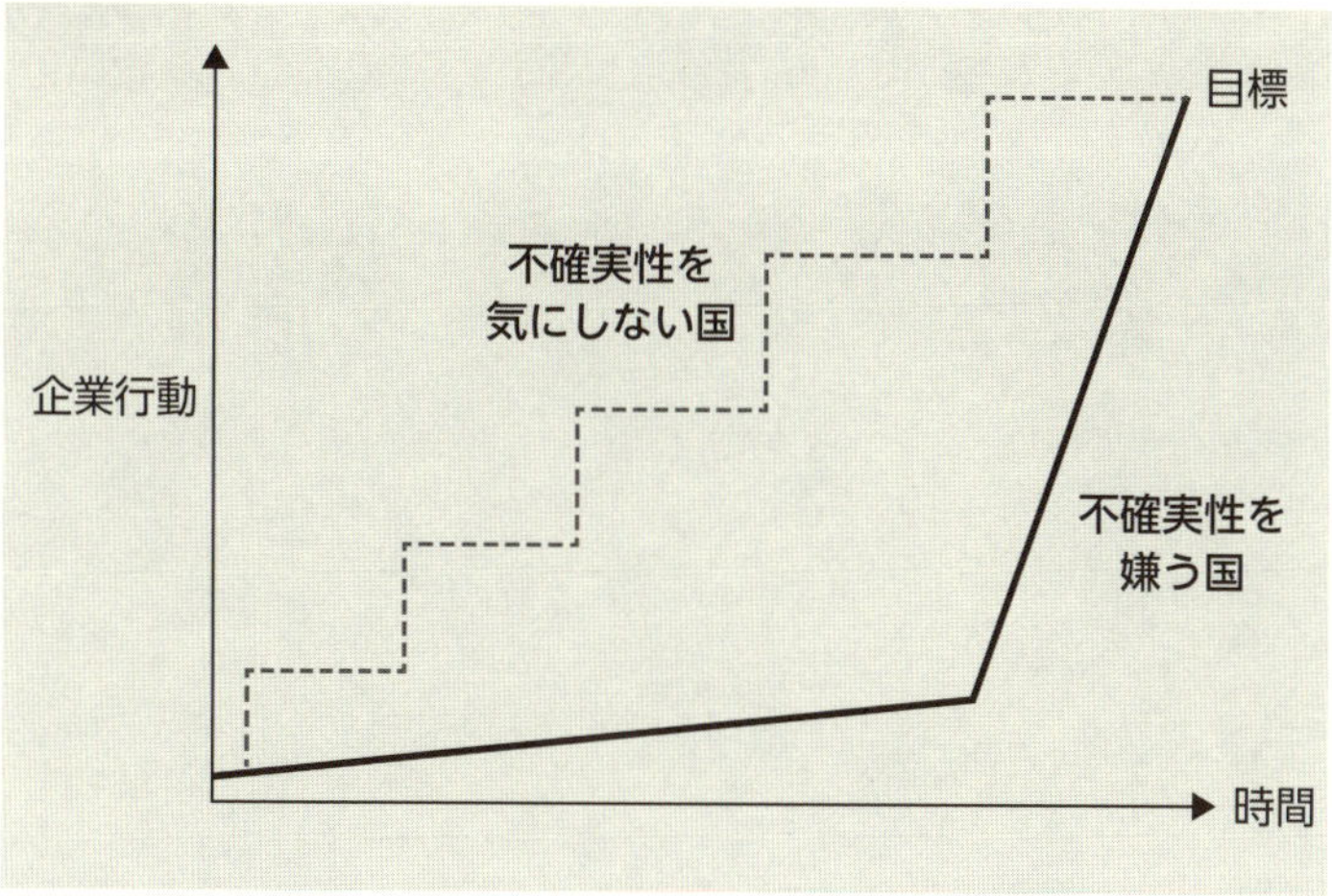

ような国では、時間をかけながら様々な検討と準備を重ね、ステークホルダーとの意見調整を行い（根回し含め）、極力失敗をしない形で物事を進めようとする傾向があります。

この両者のアプローチはどちらが優れているという話では、前者は失敗も多いかわりにスピード感をもって物事を進められる点が強みですし、後者は立ち上がるまでに時間がかかるかわりに一度決めた途端着実に物事を進められる点が強みです。それぞれの文化圏に合う形で、プロジェクトへのアプローチを考えることが望ましいでしょう。

しかし、この異なるプロジェクトマネジメントの考えを持った二人が、共同でプロジェクトを動かそうとしたときは何が起きるでしょうか。はい、摩擦が起きないはずがないのです！

米国のようにリーンスタートアップ型を好む国の人からすれば、日本のような時間をかけながら周囲の意見調整をする国の人を「リーダーシップがない」と切り捨ててしまうでしょうし、逆に日本の立場からするとプロジェクトの詳細を詰めずに先に走る人間を「思慮が足りない人たち」と断定しかねません。そこにはあるべき1つのやり方など存在しないにもかかわらず、誰もが「自分のやり方が正しい」と盲目的に信じきって、歩み寄りがなかなかできないのが世界中で起こっている出来事なのです。

日本の不確実性の回避について、具体的な事例を見てみましょう。

## ミニケース　買収後統合（PMI）

「買収先から上がってくるデータや情報が不正確で本当に困っている。時間をかけて実現した買収案件だったので、ウチの役員は日々のオペレーションがうまくいっているかをすごく気にしている。どんな質問が飛んで来ても応えられるようにデータを用意しておきたいと、何度も伝えているのに」

これは英国の中堅企業を買収した、日系企業統合担当者　鈴木さんの声。

ところが、買収先の英国企業のバイスプレジデント、マーティンはこうぼやく。

「日本本社がどうしてあんなに細かいデータを必要とするのか、まったく理解できない。些細なデータを集める目的がわからないし、うんざりするほど質問をしてくる。買収後のトップマネジメントの仕事は方向性と戦略の決定なのになぜ英国の日々のオペレーションをそんなに気にするのだろう？」

同じ状況に直面していても、見方がまったく違う。日本関連のクロスボーダー買収案件に関わるノンジャパニーズは、ありとあらゆる可能性を想定し、フィビジリティ調査に膨大な時間とエネルギーを費やす日本企業のやり方に驚愕する。

しかも、それだけありとあらゆる可能性を想定しても、買収後の統合プロセスがうまくいかない。買収先の経営陣にオペレーションを任せても、直近のビジネスの方向性や戦略にはほとんど役に立たない、すべてのリスク要因と細部にわたる情報を要求する。これに耐えられず、買収先の優秀な人財が辞めていく、というケースも珍しくない。

日本のような不確実性の回避が高い国では、間違った決定をしないように、トップマネジメントは日々のオペレーションにまで気を配る傾向があります。鈴木さんの会社のトップマネジメントのように、新しく買収した外国の会社であればなおさら、生産、営業、オペレーション、市場、顧客、人財、ありとあらゆる情報をまず理解しようとします。多額の投資をした買収先について「知らない」ということに耐えられないのです。たとえ理解に時間がかかっても不確実性を減らす、このプロセスは必須です。

しかし、不確実性の回避度が低い国で、トップマネジメントの仕事は方向性と戦略の達成が第一で、日々のオペレーションは現場に任せられていると考えている者からすれば、日本のやり方はなかなか受け入れがたいということは理解しておくべきでしょ

**図 2-14 不確実性の回避とリーダーシップの関係**

| | 不確実性の回避が **低い** 文化において | 不確実性の回避が **高い** 文化において |
|---|---|---|
| 不確実性の回避の **高さ** を発揮すると ＞ | ■ 融通が利かない<br>■ 細かすぎる<br>■ マイクロマネジメント<br>■ 信用されていない<br>と思われる | − |
| 不確実性の回避の **低さ** を発揮すると ＞ | − | ■ 原則を知らない<br>■ モラルがない<br>■ 不真面目<br>■ 彼／彼女は無能か？ それとも単に怠惰でだらしないのか？<br>と思われる |

う。こうした場合は、双方の違いをニュートラルに認識し、お互いに歩み寄れる手法を見出すことが重要になってきます。

第5の次元

# 短期志向／長期志向（LTO：Short vs Long Term Orientation）

木を見ず、森を見る日本人

## ◆ニワトリ、牛、草から2つ選ぶと？

「ニワトリ、牛、草」のうち、関連するものを2つ選んで1グループにするとしたら、あなたは何を選びますか？

これは米国の心理学者のリチャード・E・ニスベットが、人間の心理現象や思考方法が決して人類共通のものではなく、その人が属している文化に影響を受けることを実証するために行った心理実験での質問です。果たして結果はどうだったでしょうか。

なんと多くの西洋人（米国・カナダなど）が「ニワトリ、牛」という組み合わせを選ぶ一方、東洋人（日本・中国・韓国）は「牛、草」という組み合わせを選びました。

ニスベットはこの違いについて、西洋人は対象物をカテゴリー化して認識する一方、東洋人はその対象物をその背後にある「関係性（牛は草を食べる）」を含めて認識する傾向があるのかの違い、と分析しました。この実験は〝The Geography of Thought：How Asians and Westerns Think Differently…and Why〟Free Press, 2003に発表され、日本での翻訳版では次のようなタイトルが付けられました。『木を見る西洋人　森を見る東洋人』（ダイヤモンド社、２００４年）。

---

ホフステード博士と共同研究者のボンド博士は、文化圏の違いによる西洋人・東洋人のこうした認識の違いを、現在と過去の基準のなかで物事を図る「短期志向」、未来と持続性のなかで物事を図る「長期志向」と定義しました。

## 長期志向

長期志向の社会では、将来成功するために教育に投資し、他の国から学ぶ姿勢があります。仕事はハードに勤勉、たとえ結果が

図 2-15　短期／長期志向モデル

**5**　短期／長期志向　[LTO]
規範的で現在を大事にするか、実用的で将来に備えるか

0 ― 50 ― 100

| 短期志向 Short Term | Long Term 長期志向 |
|---|---|
| **短期の（財務的）結果**を重視 | **長期的な利益**／恩恵＞短期の結果 |
| 評価指標：利益、ROI | 評価指標：市場シェア、顧客満足度 |
| **消費** | **倹約** |
| **分析的**な思考 | **統合的**な思考 |
| **唯一絶対**の真理 | **いくつも**の真理 |
| **原理・原則**を重視 | **実用性**を重視し例外を認める |
| 善悪を判断する**普遍的指針**がある | 善悪の判断は**状況次第** |
| 自己の**肯定** | 自己の**改善** |
| **自国**に対するプライド | **他の国**から学ぶ |

出るのに時間がかかっても、粘り強く、辛抱強く努力します。簡単にはあきらめない、不屈の精神。これはビジネスを成功させるうえでも必要な要素であることを否定する人はいないでしょう。企業の内部留保は、将来に向けての種まきとして投資されます。

長期視点で考えるため、何が正しく、何が悪いのかは時と場合、状況によって異なり、真実は1つではないという考え方をします。

長期志向の高い日本、韓国、シンガポール、香港、台湾は第二次世界大戦後、急速な経済成長を経験しています。1978年に改革開放路線に舵を切った中国は、目覚ましい経済成長を遂げています。自動車産業の発展を目指した中国に、1985年、外資の先陣として手を差し伸べたのはドイツのフォルクスワーゲンでした。以来、中国とドイツはビジネスパートナーシップを積み上げ、ドイツ政府のデータによれば両国の取引額はおよそ1866億ユーロ（2300億米ドル）に及び、2016年、中国はドイツにとって最大の貿易相手国[39]となりました。ドイツ貿

**図 2-16 短期／長期志向スコアの国別比較**

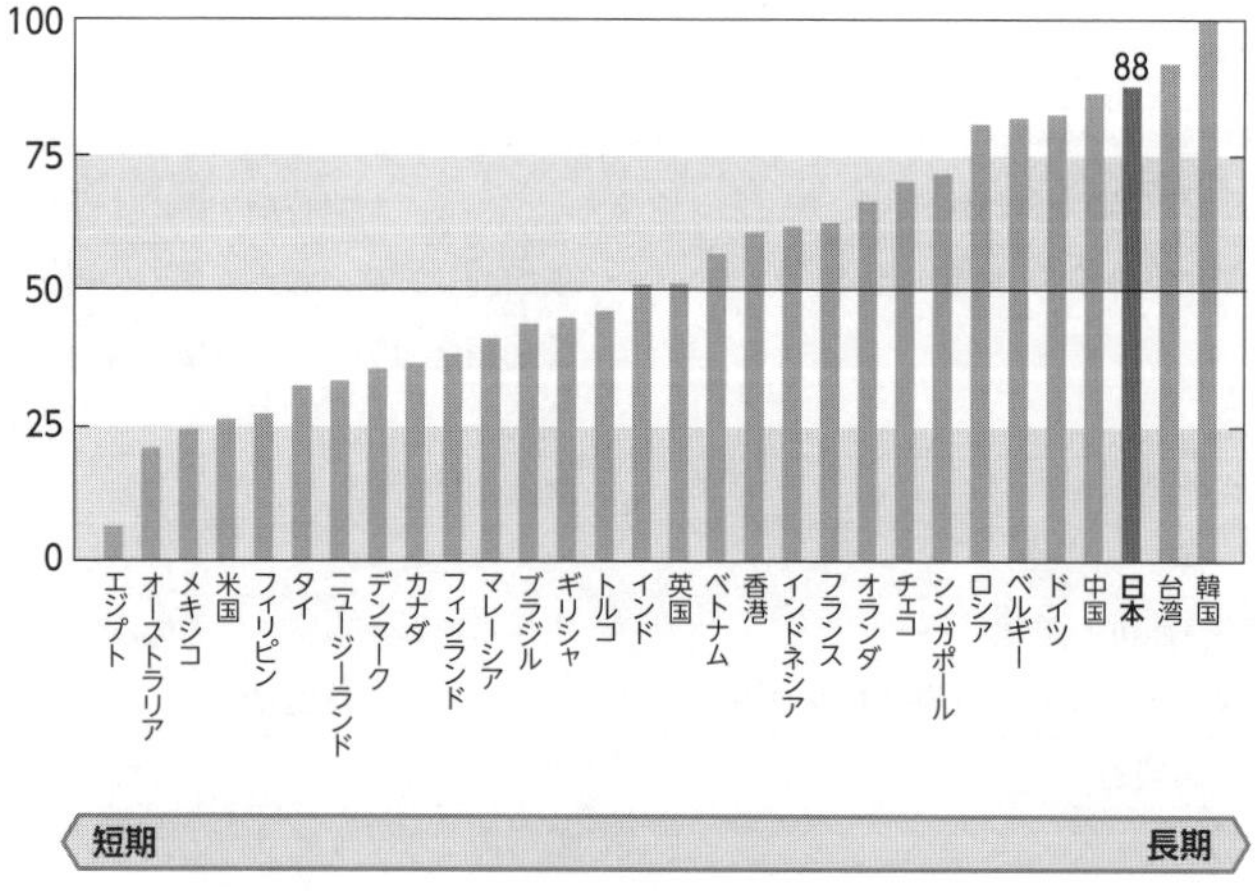

易・投資振興機関（GTAI）とドイツ商工会議所連合会（DIHK）は、中国の提唱する巨大経済圏構想「一帯一路」がドイツ企業に巨大な商機をもたらしたとの見方を示しています。[39]

中国の習主席と、ロシアのプーチン大統領の相互訪問も頻繁かつ緊密で、ロシアが主導するユーラシア経済連合と「一帯一路」との連携を積極的に推進しています。

いずれも長期志向の国で、未来志向の価値で経済成長に結びつけようとしていることを示しています。

◎**長期志向の国の特徴**[40]

- 資源を節約して倹約を心がける
- 結果が出るまで辛抱強く努力する
- 余暇を重視しない
- 市場での地位に焦点が置かれ、将来の成長・利益を重視する
- 自己を大きな全体のなかの一部であると考えるので、思考が統合的で、全体像を把握してからポイントに向かう

39 https://www.dw.com/en/germany-and-china-trade-partners-and-competitors/a-43901890
40 『多文化世界［原書第3版］』（G.ホフステード・G.J.ホフステード・M.ミンコフ著、岩井八郎・岩井紀子訳、有斐閣、2013年）p224表7·2、p232表7·3

◎**長期志向の国**

- 韓国、台湾、日本、中国、シンガポール、ドイツ、ベルギー、スイス、チェコ、エストニア、ラトビア、リトアニア

## 短期志向

短期志向の社会では、努力はすぐ結果に結びつかなくてはいけないと考えます。自国へのプライドがあると同時に、何が善で何が悪かの普遍的な指針があり、真実はたった1つと考えます。

9世紀から14世紀まで、イスラム世界は軍事的にも科学的にも、欧州のキリスト教国を凌駕していました。米国のイスラム学者バーナード・ルイスによれば、14世紀以降のイスラム学者にとって「知識は永遠の真理の集積であり、取得し、蓄積し、伝承し、解釈して応用するものではあるが、修正したり変容したりすることはできないもの」であり、イノベーションは悪であり、異端信仰と同じでした。中東ではキリスト教は軽視されていましたので、ルネサンス、宗教改革、産業革命など、欧州の近代化への取り組みも、キリスト

教徒から学べるものは何もないと考え、伝統主義のなかに引きこもってしまいました。[41]

「世界には4つの国しかない。先進国と途上国、そして、日本とアルゼンチンである」と言ったのは、1971年にノーベル経済学賞を受賞した、米国の経済学者・統計学者サイモン・クズネッツです。1930年代、南米アルゼンチンは世界で最も豊かな国の1つでした。

しかし、第二次世界大戦後のペロン大統領は、軍政が交互に続くなか、短期的な人気取りの政策を取り、国民を高揚するためにフォークランド紛争まで始めてしまいます。

その結果として、何度も経済におけるアップ&ダウンを繰り返しました。2008年の金融危機もうまく乗り越え、南米の優等生ともてはやされましたが、いまやまた危機。経済が上向くと、国民に大盤振る舞いを連続するからです。

中東諸国、中南米諸国はいずれも、短期志向です。

そして、冷戦後の「グローバル・スタンダード」の経済体制を作った米国もまた、短期志向のカテゴリーに含まれます。

FCLTグローバルが2016年に発行したレポート[42]によると、経営陣の87%が2年以内に高い財務業績をあげなければいけない心理的プレッシャーを感じており、四半期ター

41 Bernard Lewis, "The Muslim Discovery of Europe. London : Weidenfield & Nicholson、1982
42 Barton, Bailey, Zoffer : Rising to the challenge of short-termism, FCLT Global, 2016
FCLTグローバルとは、長期的なビジネスと投資判断を促進する目的でマッキンゼー・アンド・カンパニー、カナダ公的年金積立金運用などが中心になって2013年に設立した非営利団体。

ゲットを達成できないというリスクを避けるために、リストラを含むコスト削減策を取る経営者は61%、たとえ将来の企業価値を損ねることになったとしても、計画されていたプロジェクトを一時延期する経営者も47%に上ります。短期の業績達成が米国の経営者に与えるプレッシャーは、過去5年間でかなり強くなっているようです。しかし、マッキンゼー・グローバル・インスティテュート（MGI）が行った調査では、米国でもアマゾン、AT&Tなど、長期志向を実践する企業のほうが売上、利益、経済利益（EVA）、時価総額のすべての面において上回りました。[43] 米国でも、あまりに四半期の業績に拘泥することの弊害が指摘されはじめています。

◎**短期志向の国の特徴**[44]

- 消費をすることへの圧力が強い社会
- すぐに結果に結びつく努力をする
- 余暇は重要
- 最終損益に焦点が置かれ、四半期・当年の利益を重視
- 自己を単一の自由な主体として考えるので、思考が分析的で、まずポイントを理解する

43 Mckinsey Global Institute, Measuring the Economic Impact of Short-termism, 2017
44 『多文化世界［原書第3版］』（G.ホフステード・G.J.ホフステード・M.ミンコフ著、岩井八郎・岩井紀子訳、有斐閣、2013年）p224表7-2、p232表7-3

◎**短期志向の国**

- 中東諸国、アフリカ諸国、中南米諸国、オーストラリア、アイルランド、米国、ニュージーランド、ノルウェー、デンマークなど

## 短期志向／長期志向が生まれた背景

ＩＢＭ調査は世界規模で実施されましたが、ホフステード博士はオランダ人研究者としての自分の考え方の文化的制約、すなわち自分の作った調査の質問票が西洋的な考え方に縛られていることの限界を憂慮していました。

そこで１９８５年、中国人社会科学者に依頼し作成した質問票で中国価値観調査を実施したマイケル・ボンド博士と共同研究を行い、両調査で見出された次元の比較研究を行いました。ＩＢＭ調査で発見された次元が、中国的価値観の調査で発見された次元と相関関係があるかどうかを研究したのです。

２つのまったく異なる研究から得られたのは、権力格差、個人主義─集団主義、男性性─女性性の次元が相関しており、調査票が西洋的であっても、東洋的であっても、人間の

普遍的な課題として提示されました。

中国的価値観調査では、不確実性の回避に相当する次元を発見できませんでした。日本と中国の大きな差を説明できることを考えると、とても大きな示唆を与えてくれるのではないでしょうか。

一方、西洋人の質問票から作ったＩＢＭ調査では、この章で説明する短期志向―長期志向を発見することができませんでしたので、新たに５つめの次元としてモデルに加えることになりました。

当初の中国価値観調査に含まれていたのは23ヵ国でしたが、その後ブルガリア人で、『多文化世界［原書第３版］』の共著者ともなったマイケル・ミンコフ博士が世界価値観調査を分析して見出したスコアと合体させ、２０１３年から93ヵ国の比較ができるようになりました。[45]

45 『多文化世界［原書第3版］』（G.ホフステード・G.J.ホフステード・M.ミンコフ著、岩井八郎・岩井紀子訳、有斐閣、2013年）p34

## ビジネスの現場で起こること

### ◆長期志向の国　日本

松下幸之助は1932年、「松下電器の真の使命は、物資を水道の水のごとく安価無尽蔵に供給して、この世に楽土を建設することにある」とし、これを250年かけて達成しようという壮大な構想を発表しました。このときから、使命を自覚した従業員一人ひとりの自発的な活動意欲が、1つの目的に向かう全員一体の力になり、同社は「線路を走る列車のように」、使命達成への軌道に乗って、未来への着実な力強い発展を始めた[46]そうです。

**「10年先、20年先を見据えた種まきを続けていきたい。目先の利益を最優先にせず、未来への投資を進める」**

2017年5月10日に実施された決算発表でのトヨタ自動車豊田章男社長の発言[47]です。

**「やってみなはれ」**

これは、サントリー創業者の鳥井信治郎が、ビール事業立ち上げの際に二代目佐治敬三

46　松下幸之助の志　命知は「A Better Life, A Better World」の原点
https://www.panasonic.com/jp/corporate/history/panasonic-museum/pdf/2014/PART1j-1.pdf

47　日本経済新聞2017年5月11日

社長に伝えた言葉として有名ですが、この事業が初の営業黒字を出したのは46年目にあたる2008年のことでした。

**「300年間成長し続ける会社を作りたい」**

孫正義社長はソフトバンクを300年存続させるにはどうすればよいのかということを常に考え、事業・投資を展開しています[48]。

こうした例のように、日本には10年先、20年先、100年先を見据えてビジョンを語る経営者が少なくありません。かつて日本企業は、当面の利益を犠牲にしても、長期的な成功を見据えてビジネスを展開することで知られ、四半期の結果を求められる米国経営の考え方とは、この次元が原因で対立していました。

筆者（宮森）の経験でも、米国本社が利益率アップにとらわれるあまり、今期のマーケティング投資の凍結を決定し、日本サイドが振り回されるという状況に何度も遭遇しました。こちらは10

図 2-17 短期志向／長期志向と思考法の関係

| | 短期志向の文化において | 長期志向の文化において |
|---|---|---|
| 長期志向に行動すると > | ■ 物事の白黒が明確でない<br>■ ぶれる<br>■ 分析力がない<br>■ 決断が遅い<br>と思われる | − |
| 短期志向に行動すると > | − | ■ 1つの意見にとらわれすぎ<br>■ 拙速<br>■ 全体像が見えていない<br>と思われる |

年先の会社の成功と成長を視野に入れ、その実現に向けてプランを練り上げ投資していきますが、米国サイドの関心は今四半期の利益にありました。コストコントロールは厳しく、予定されていた広告出稿、イベントの中止、出張の中止どころか、唐突な値上げやディスコン（discontinued、製造・販売・サービスの中止）にまで発展することもありました。価格とサービスを維持することが、結果として長期的なビジネス成長を実現すると、どんなに懇切丁寧に説明しても、値上げとディスコンはグローバル戦略であり、どの国でも直ちに実施されなければならないとプッシュバックされます。国によって顧客のニーズも状況も異なるなかで、グローバルに1つの戦略を実践することの無意味さ、不可思議さに苛立ちを覚えた経験も数知れずでした。米国系のグローバル企業とビジネスをされた方なら、短期的なビジネスへのこだわりに一度ならず驚かれた経験があるのではないでしょうか。

男性性のところでも紹介した、『グリット（Grit：やり抜く力）[49]』が米国でベストセラーになるのも、「物事に対する情熱」は別として、「継続的な粘り強い努力を通じて」目標を達成することが、短期志向の強い米国人には難しく、新しい概念だったからかもしれません。日本は、情熱を持って物事を極める男性性に加え、「継続的な粘り強い努力」をする

48 『孫正義300年王国の野望』（杉本貴司著、日本経済新聞出版社、2017年）
49 『やり抜く力 GRIT（グリット）――人生のあらゆる成功を決める「究極の能力」を身につける』（アンジェラ・ダックワース著、神崎朗子訳、ダイヤモンド社、2016年）

長期志向も強い国です。

## 木を見るか、森を見るか

全体像を見るか、目の前の事象にフォーカスするか、という点も、長期志向と短期志向に大きな影響を与えています。

筆者（宮森）が一週間のコーポレート・コミュニケーションリーダー育成トレーニングに参加したときのこと。ブラジルでの新製品のコミュニケーション戦略立案を担当することになりました。チームのメンバーは米国人3名、メキシコ、UAE、ブラジル、そして日本から1名の構成です。最終日にグローバルのコミュニケーション責任者にプレゼンをし、そこでトレーニングは終了です。

与えられた期間は三日。サトウキビを使ったバイオガスエンジンのストーリーを、広告、イベント、PR、インターネットを効果的に使ったメディアミックスで魅力的にアピールしなくてはなりません。

最初のミーティングが始まるなり、ブラジル人が質問攻めに。

「ブラジルで影響力のあるメディアを教えて。紙媒体、雑誌、インターネット、テレビも」

「ディアリオポピュラール、ＥＢＣ、意表をつくならランセの電子版もいいかも」

「すぐ出稿金額を調べないと」

「プレスリリースを送るメディアリストも作らないといけない」

「クリエイティブは誰を押さえる？」

プロモーションの「戦術」がどんどん決まっていく様子に、意を唱えたのは日本人の筆者のみでした。

「製品の仕様、強み、他者との比較ポイント販売戦略がわからないと、コミュニケーションのメッセージが決められないんじゃないの？　競合状況は？」

その声に他のチームメンバーは唖然。

「それを決めるのは製品チームの仕事であって、私たちの仕事はコミュニケーション。どうやって伝えるかが先決でしょう？」

「伝えるって、何を伝えるのかメッセージやストーリーがなくて、どうやってプレスリリースやクリエイティブを作るのよ？」

「そんなこと調べる必要ない。私たちの目的は、最終日にインパクトのあるプレゼンをすること。そして、コミュニケーションチームのトップに私たちを売り込むこと。必要ない情報はいらないし、そんなことに時間を使ったらチームのパフォーマンスを落とすだけよ。ほら、あなたはその期間にどんなイベントがあるか調べて」

日本人である筆者（宮森）は、全体像を掴んでストーリーを固めてからでないと、ディテイルに入っていくことができませんでした。全体像なしに具体的で詳細プランに入っていくやり方に、「ついていけない」とも思いました。何度かチャレンジしましたが、チームはやがて筆者の意見を聞き流すようになりました。

そこで作戦変更。一人ひとりの意見を聞きながら、全体を通してストーリー化する役割を担うことにしました。メンバーが提案した個々のプランに横串を通し、その頃ブラジルで開催されるF1イベントの電源をバイオガスエンジンで提供、そこにエコを重視する大統領やスターも呼んで大々的なプロモーションを行うという、荒唐無稽なプランに仕立て、プレゼンテーションの結果も高い評価を得ることができました。

いま振り返ると、あのときのチームメンバーは、筆者以外全員、短期志向の国の出身。長期志向の筆者とは、明らかに異なる世界を見ていたのです。

第6の次元

# 人生の楽しみ方（IVR：Indulgence vs Restraint）

## 幸福感が決める社会のあり方　幸福感が日本の少子化を止めるか

### ◆ロシアW杯：スマイルのトレーニング!?[50]

ロシアにはこんな諺がある、「意味もなく笑うのは間抜けな証拠」と。

BBCのインタビューを受けたあるロシア人女性は、「公の場でニタニタ笑っていて不審人物に思われた」という理由で警察から職務質問を受けたと述べている。

ここでは、スマイルが売りのマクドナルドの店員でさえ、めったに微笑みを見せることはない[51]。

しかし、そんなロシアでも2018FIFAワールドカップの開催を前に、変化の兆しが見えた。なんとロシア鉄道、FIFA、そしてモスクワ地下鉄が、従業員に対して「スマイルの仕方」を教える特別なトレーニングを実施したという。BBCによると、これはサッカー観戦に訪れる各国からのサポーターに対し、丁寧でかつホスピタリティ溢れる対応をするためのものだったという。

50　Russian Workers Are Learning How To Smile Before World Cup Begins、CBS Local Russia, June 12, 2018 at 11:54 am
https://denver.cbslocal.com/2018/06/12/russian-workers-smile-world-cup/

51　Myasoedov, S.（2003）. "Chairperson's introduction." In: Business Cooperation and Business Schools Cooperation: New Opportunities Within CEEMAN.M. Minko and B. Vilfan（eds）, 17. 11th CEEMAN Annual Conference, Sofia, Bularia. Ljubljana, Solvenia: CEEMAN.

この出来事の背景には何があるのでしょうか。そこには6番目の次元「人生の楽しみ方：抑制的―充足的」が関わってきます。ミンコフ博士によって2013年版『多文化世界［原書第3版］』から追加された、「主観的幸福感」：(1)人々の幸福感、(2)人生のコントロール、(3)余暇の重要性、の3点を国民文化の側面から解明しようとする、新しい次元です。他の次元と比較してまだ事例が少なく、検証を重ねている段階です。

## 人生の楽しみ方：充足的vs抑制的

この次元は、一言で言えば、ネガティブな社会か、ポジティブな社会か、を示しています。

一方の極は、ポジティブで、幸せで、自分が満足できるように行動し、お金を使い、自由に楽しい活動にふけってもよいという社会。

図2-18　人生の楽しみ方：充足的vs抑制的モデル

**6　人生の楽しみ方**　[IVR]
ネガティブ思考か、ポジティブ思考か

0　50　100

| 抑制的 Restraint | Indulgence 充足的 |
|---|---|
| 「非常に幸せ」な人の割合が**低い** | 「非常に幸せ」な人の割合が**多い** |
| **運命主義**：無力感を感じている | 人生は**コントロールできる** |
| **悲観**主義的 | **楽観**主義的 |
| 真面目で**厳格な振る舞い**が信頼と専門性の証 | 職場では**ポジティブシンキング**を奨励 |
| 微笑みは**疑わしい** | 微笑みが**基本** |
| 道徳的規範が**多い** | 道徳的規範が**少ない** |
| **きつい**社会 | **ゆるい**社会 |

もう一方の極は、ネガティブで、人の行動が制限され、浪費や自分の趣味に没頭することは悪い社会。ミンコフ博士はこれを次のように定義しました。[52]

**充足的な社会**：「人生を味わい楽しむことにかかわる人間の基本的かつ自然な欲求を比較的自由に満たそうとする」社会

**抑制的な社会**：「厳しい社会規範によって欲求の充足を抑え、制限すべきだ」という考え方の社会

## 日本の少子化を解決するカギ？

この次元は学術的な文献で登場してこなかった新しいコンセプトでしたが、その後、国際比較研究において様々な指標との相関関係が分析されてきました。ベルギーのペーター・クッペンスが行った「情動体験の想起頻度（過去の肯定的・否定的な感情をどれだけ思い出せるか）」に関する研究[53]との比較では、充足性の高い社会では、人々が肯定的な感情を思い出しやすい傾向にあることがわかりました。

52 『多文化世界［原書第3版］』（G.ホフステード・G.J.ホフステード・M.ミンコフ著、岩井八郎・岩井紀子訳、有斐閣、2013年）p263下段18-22

53 Kuppens. P., E. Ceulemans, M. E. Timmerman, E. Diener, and C. Kim-Prieto (2006). "Universal intractual and intercultural dimensions of the recalled frequency of emotional experience." Journal of Cross-Cultural Psychology, 37, 491-515.

また、世界価値評価調査との比較では、同じく充足性の高い社会では、より自身の健康状態を「良い」と感じていることがわかっていますし、米国の世論調査会社ピュー研究所のデータとの比較では、抑制的な社会では悲観的な人間が多い（逆もしかり）ことがわかっています。

その他にもミンコフ博士の研究では、この次元が出生率を予測するうえで非常に説明力が高いとしており、経済発展した国で標準的な教育を受けた人の場合、幸福感と健康感の高くない人は子どもを積極的に作ろうとしないと指摘しています。

これはまるで、日本の現状を表しているみたいですね。逆に考えれば、出生率を上げるには、この次元が示す幸福感や健康感を高めることが有効な方法だとも言えると思います。どうすればそれが叶うのかというのは難しい課題です。

**図 2-19　人生の楽しみ方：充足的vs抑制的スコアの国別比較**

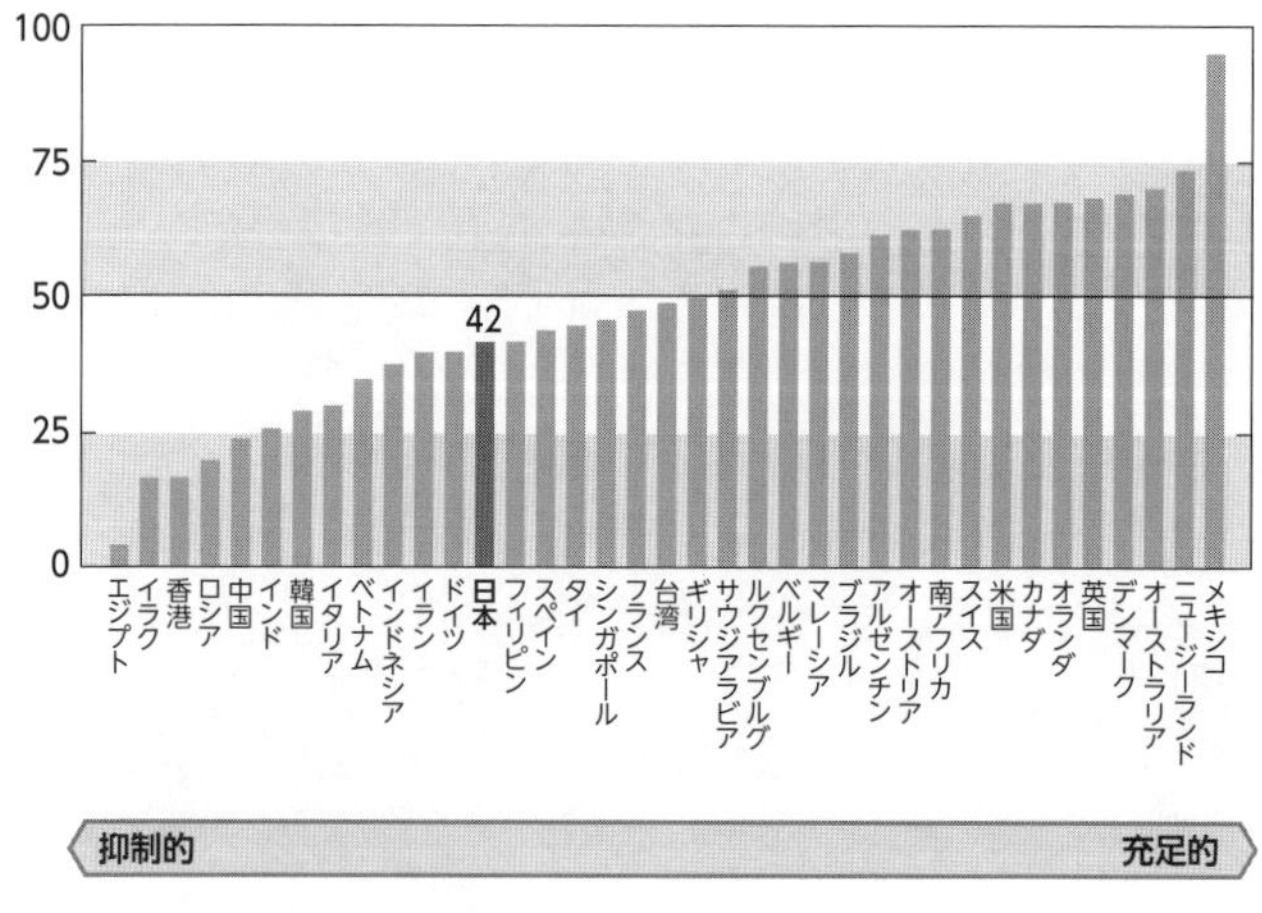

◎人生の楽しみ方：抑制的な国の特徴[54]

- 幸せであるとか、健康であると感じることが少ない社会
- 肯定的な情動を思い出しにくい、悲観主義的な社会
- 無力感を感じている：自分に起こることは自分ではどうしようもできない
- 言論の自由は一般の関心事ではない
- きつい、抑制の強い社会
- 職場では、謹直で厳格な態度が信用され、プロフェッショナルであると受け取られる。微笑みは疑惑の目で見られる
- 余暇はあまり重要ではない

◎人生の楽しみ方：抑制的な国

- エジプト、パキスタン、旧ソビエト連邦諸国、ロシア、東欧、イラク、モロッコ、バングラデシュ、中国、インド

54 『多文化世界［原書第3版］』（G.ホフステード・G.J.ホフステード・M.ミンコフ著、岩井八郎・岩井紀子訳、有斐閣、2013年）p270表8·2、p275表8·3

◎人生の楽しみ方：充足的な国の特徴[55]

- 幸せであるとか、健康であると感じる人の割合が多い社会
- 肯定的な情動を思い出しやすい、楽観主義的な社会
- 人生はコントロールすることができると感じている
- 言論の自由は比較的重視されている
- ゆるい社会
- 職場では、ポジティブシンキングが奨励される
- 微笑みかけることが規範
- 余暇は重要

◎人生の楽しみ方：充足的な国

- ベネズエラ、メキシコ、プエルトリコ、エルサルバドル、コロンビア、スウェーデン、ニュージーランド、オーストラリア、デンマーク、英国、カナダ、米国　ナイジェリア、ガーナ、南アフリカ

日本文化のスコアは、０から１００の分布で42。スコアのある93ヵ国内で49番目。世界

55　『多文化世界［原書第3版］』（G.ホフステード・G.J.ホフステード・M.ミンコフ著、岩井八郎・岩井紀子訳、有斐閣、2013年）p270表8·2、p275表8·3

のほぼ平均値です（152ページ図2‐19参照）。

## 社会システムの違い

米国の人々は、政治家が喜びの感情や楽観的なビジョンを公の場で表すことを期待しています。ポーカーフェースですました顔をすることは、特に選挙の候補者の間ではNGとされ、メディアの前でプライベートを晒すことは好感度を上げる良い手段です。

一方、ロシアのプーチン大統領が微笑んでいる写真をどれだけ見たことがあるでしょうか。オバマ元大統領のように微笑みながら好物のチーズバーガーを食べている姿とは対極的に、人前で険しい顔をしていることが真剣で決断力のあるリーダーとして民衆に支持されるのです。

世界価値観調査とこの次元の相関が非常に強いものが、民主主義の根底にある「『言論の自由の擁護』を国家にとって最も重要な目標とする割合」といわれています。この割合が非常に高いオランダは36・6％ですが、ロシアでは1・5％と最も低い数値を出しており、「言論の自由」を重視しない国は抑制的であり、重視する国は充足的な社会を形成していることがわかっています。[56]

なお、抑制の強い社会では人口一人あたりの警察官数が多いというデータもあり[57]、権力格差とあわせて考える必要がありますが、権威主義的な支配が受け入れやすいかどうかを予測するのにも使える指標だと考えられています。

## ビジネスの現場で起こること

仕事をシリアスに捉えるか、楽しみの1つに捉えるかという点が、実際のプロジェクトではボディブローのように効いてきます。

筆者（宮森）がスロバキアでのプロジェクトに関わったときのこと。米国人のプロジェクトマネジャーは、最初のミーティングからプロジェクトの利益、強みを強調し、無事に終了したあかつきには非常に明るい未来が待っていることを売り込んでいました。プロジェクトの進行中もその姿勢は変わらず、問題が起きても必ず解決策はある、できる、やれる、と言うのみ。スロバキアのスタッフはあまりのポジティブさに、どんどん引き気味になっていき、米国人マネジャーの話をまったく信用しなくなってしまい、最後はプロジェクトが中止になってしまいました。

56 『多文化世界［原書第3版］』（G.ホフステード・G.J.ホフステード・M.ミンコフ著、岩井八郎・岩井紀子訳、有斐閣、2013年）p274上段7-下段5
57 UN Office on Drug and Crime（2004）より本次元との相関関係を分析

これまで6つの次元を駆け足でご紹介してきましたが、いかがだったでしょうか。1つの次元だけでも様々なスコアの解釈があり、多くの疑問に答えてくれたことと思います。

「ホフステードの6次元モデル」は、特定の価値観から距離を置いている、非常にニュートラルなモデルです。異文化に対して何かを断定する前に、まず客観的に状況を理解するためのツールであり、ニュートラルなモデルであるからこそ、お互いの価値観を傷つけない「言語」として、異なる文化の違いの橋渡しをすることができるのです。

次章以降では、これらの次元を組み合わせることで、どういった文化の読み解きができるかということについて、解説していきます。

### ミニコラム　スコアの算出法

ホフステード博士はこの各次元のスコアを算出するにあたり、使用した質問票のなかから特に6つの次元に関連性の高い設問を

**図 2-20　人生の楽しみ方と態度の関係**

**6　人生の楽しみ方**　充足的vs抑制的　Indulgence vs Restraint　［IVR］

| | 充足的な文化において | 抑制的な文化において |
|---|---|---|
| 抑制的に行動すると ＞ | ■ ネガティブ<br>■ 問題点ばかり指摘する<br>■ 後ろ向き<br>と思われる | － |
| 充足的に行動すると ＞ | － | ■ 不真面目<br>■ 不可能なことさえ可能という<br>■ 真剣さが足りない<br>■ ポジティブすぎて考えが浅い<br>と思われる |

選び、そのスコアを国ごとに平準することで国ごとの比較を可能にしました。

例えば、ホフステード博士のホームページで公開されているデータ（VSM 2013）[58]によれば、「権力格差」のスコアを算出する際に次のような設問を使い、5段階のスケールで評価していることがわかります。

○尊敬できる上司（直属の）を持つことはどれだけあなたにとって重要か？
○上司から決断にあたって相談を受けることはどれだけあなたにとって重要か？
○あなたの経験上、部下が上司（もしくは生徒が先生）の意に反することを恐れていると感じることはどれだけあったか？
○組織構造のなかである従業員が二人以上の上司に仕えることは絶対避けるべきことだと考えるか？

その他の次元含めた統計的分析の学術的内容は、博士の著書〝Culture's Consequence〟をご参照ください。

58 https://geerthofstede.com/research-and-vsm/vsm-2013/

コラム 2

# 中国におけるビジネス成功のカギ「グワンシ（関係）」
## ～権力格差大／集団主義の社会的ネットワーク～

「ホフステードの6次元モデル」の次元は、組み合わせて使うと効果的です。2つの次元を組み合わせ、位置関係を見ることで、よりメタ視点（俯瞰した視点）で、国の文化的価値観を理解することができるようになります。

**権力格差と集団主義vs個人主義は相関している**

図表2-21で、権力格差をX軸、集団主義―個人主義をY軸として、組み合わせて国々をプロットしてみましょう。

どちらかの次元も中庸のスコアを持つ日本は、X軸とY軸の交差するあたりに位置していますが、多くの国は左上と右下を結ぶ対角線の上に分布しています。

世界人口のほぼ70％がこの図の右下にあたる、権力格差が大きく、集団主義の社会で生活しています。

### 仕事を円滑に進めるネットワーク：グワンシ、ワスタ、ブラ、ウブンツ

権力格差が大きく、集団主義の国では「誰とビジネスをするか」ということが非常に重要です。中国では、「グワンシ」（Guanxi、関係）がビジネス成功のカギとなります。

鄧小平の開放政策以来瞬く間に力をつけ、世界第2位の経済大国となった中国。四半世紀にわたる外国資本の投入、グローバル企業の進出のなかで、中国で効果的にマネジメントを行うカギとして、「グワンシ」の研究が進んできました。

「グワンシ」とは、漢字で表記すると「関係」。異民族との抗争の連続である中国の歴史のなかで、内集団の成

**図 2-21　権力格差と集団主義は相関している**

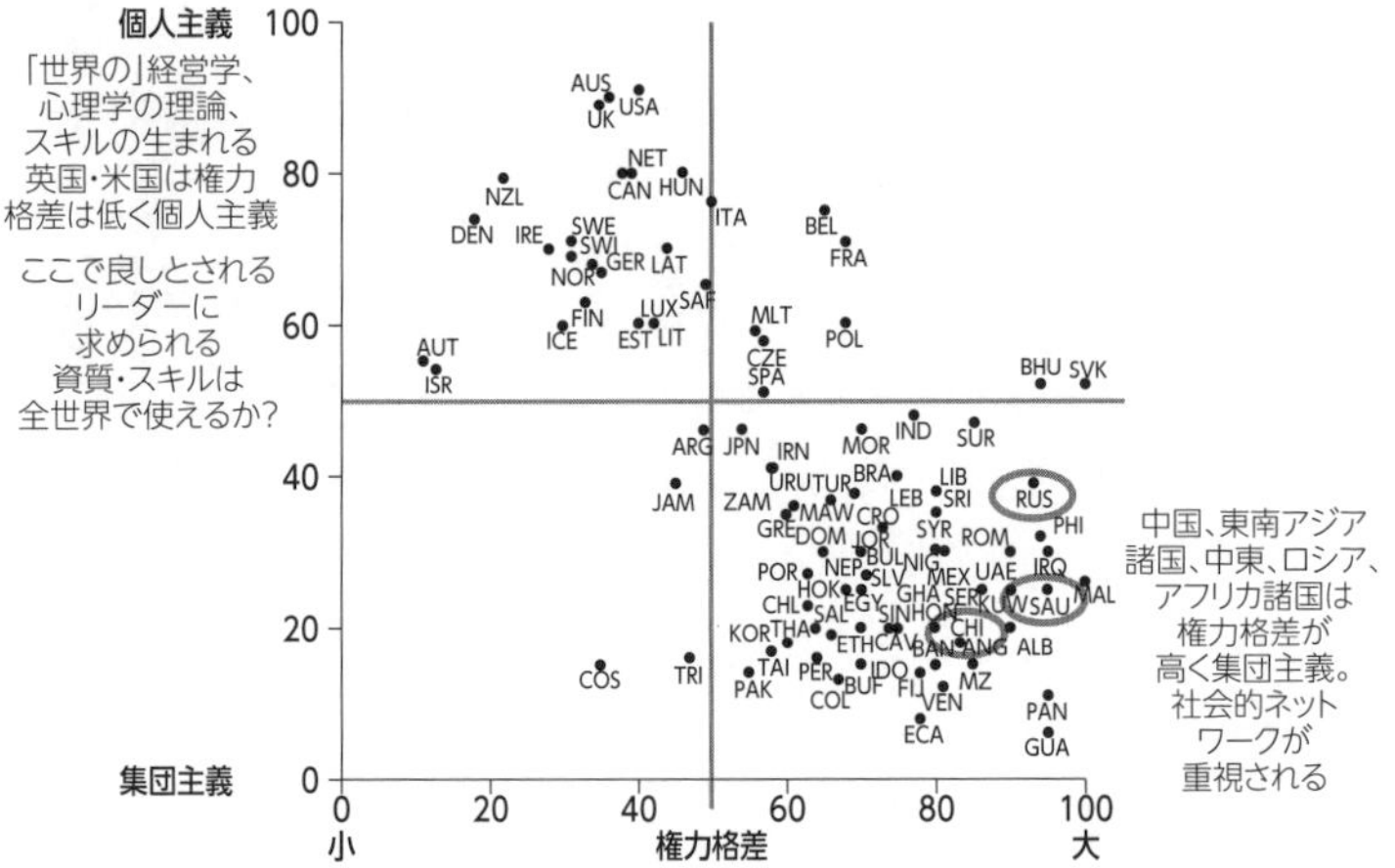

員である「自己人」（100％信頼できる人。血縁、拡大家族、情誼を結んだ朋も含まれます）と、その一員ではない「外人」を二分する原理として生まれました。その要は、排他的であり、相互的な関係性です。内集団グワンシの成員として利益を得るためには、必ず貢献しなければなりません。

しかし、すべての成員が同じレベルでグワンシに貢献しなければならないというわけではありません。グワンシのなかで最も社会的に高い地位を持ち、裕福な力のあるメンバーが、長老のように弱いメンバーを助けます。グワンシの成員に貸したお金が戻ってこないこともあります。しかし、弱いメンバーは、その支援を「当たり前のこと」と思ってはならず、いつか何かの形で「お返し」をする必要があります。

中国人は、関係性の強弱はあるとしても、様々なグワンシに属しています。どのグワンシに属しているか、活きた人脈を持っているかどうかは、中国で決定的に重要です。

グワンシについては、香港大学商学院国際マーケティングのデイヴィッド・ツェ学部長の著書『中国人との「関係」のつくりかた』（吉田茂美訳、ディスカヴァー携書、2012、26～27ページ、74～75ページ）が参考になりますので、そこから引用します。

グワンシの特徴は

**①お互いに助けあう：AはBを助けたから、BはAを助けることが期待される**

**②移転可能であり（友だちの友だちは友だち）、ゆえに、拡大可能である：上海から北京に引っ越すと、その人のグワンシは両都市に拡大し強力化する**

**③そこでの利得を得ていい：お互いに関係をつくって投資をする**

中国はその巨大さゆえに、人と人との信頼関係の有無が他国より絶対的に重要になります。

1978年、中国の改革開放が始まったとき、日本は積極的に経済支援し、民間企業が資金や技術を供与しました。「中国人消費者に日本製品は大人気なのに、必ずしも成果をあげられていません。（中略）日本企業は、グワンシがうまく使えてこなかったがために、実力に見合う成果をあげられないでいるのです」と、ツェ学部長は同書で記しています。

そして、日系企業に頻発するスト事件の多くはグワンシが原因で、日本企業は対従業員、対消費者、対地方政府のグワンシに早急に取り組むべきだとしています。

ところで、グワンシは中国特有のものではありません。

権力格差が大きく、集団主義の社会では、類似性を持つ「内集団における行動原理」が存在するのです。

アラブ諸国ではそれを「ワスタ（Wasta）」、ロシアでは「ブラット（Blat）」、南アフリカでは「ウブンツ」と呼びます。

ワスタは「知っている人」「影響」という意味で、物事を行うときにコネクションや影響力を使うことを指します。ブラットは、ネットワークを通じて物事を成し遂げる。「ウブンツ」は南アフリカズールー語を語源とし、直訳すれば「私は（家族、部族など私の属している集団の）人たちを通じて人間となる」、個人の成功より集団の成功を優先する哲学です。

これらの「内集団における行動原理」はお返し（reciprocity）、関係性の濃さと義務の強さ（intensity）、持続性（durability）によって成り立っています。縁故主義、あるいは汚職の遠因になりかねないため、近代の法体系に基づく国から見ると、どうしても悪い面が強調されがちです。実際、ビジネスのグローバル化が進み、コンプライアンスが強化されるに従って、中国では汚職と、援助の依頼を厳格に分けるようになりましたし、同僚たちに「ビジネス上グワンシやワスタはどのくらい重要なのか」を尋ねると、「外国人がビジネスをする場合はそれほど気にしなくてもいい」と答えます。

しかしさらに聞いていくと、「社会の構成要素として非常に重要なもの」であることを否定しません。西欧、ならびに日本は近代の法体系に基づいて運営され、安心も提供されます。権力格差が大きく集団主義の国では、内集団のルールが安心を提供します。それがセーフティネットになるわけです。

このような国では、職場での付き合いと、個々人の付き合いの2つを意識して使い分けることが重要です。中国や中東諸国で、担当者が突然転職し、それまでの仕事もまったく引き継がれずに仕事が止まってしまうということがよく起こります。

こうした現象から、日本人は彼らを「チームワークができない、人の迷惑を考えない」ととらえがちで、個人主義だと決め付けます。

しかし、もし個人的な信頼関係があれば、会社を辞めても、そこから新しい「グワンシ」や「ワスタ」が広がっていき、将来的にはお互いのベネフィットになるかもしれないのです。

日本では組織、会社を軸に仕事の関係性が構築されるので、なかなか理解することが難しいかもしれませんが、権力格差が大きく、集団主義の国では、まず個人と関係性を築き、その後個人が属する内集団に拡大していきます。

面白いのは、個人主義の強い西欧諸国のリーダーが、案外、権力格差が高く集団主義の国でうまくビジネスを進めていることです。個人主義の社会では、新たな人間関係を構築しようとするとき、肩書や組織ではなく、個人としての相手を知ろうという意識が強く働くので、組織・会社ではなく、個人として部下と向き合うことができるからかもしれません。

個人主義の社会では、新たな人間関係を構築しようとするとき、仲良くしようと、肩書や組織ではなく、個人としての相手を知ろうという意識が強く働くのです。

（宮森千嘉子）

# 第3章

# 事例で見る6次元モデルの分析

## 「ホフステードの6次元モデル」で読み解くビジネスにおけるチャレンジ

ここまで、文化を読み解く6つの次元について解説してきました。私たちは育った環境、周りにいる家族・友人をはじめとする集団、組織の影響を無意識に受け、価値観をプログラミングされています。その価値観が共有できない「環境」に遭遇したときこそが、仕事や人間関係においてチャレンジが生じやすいタイミングといえるでしょう。

本章では、ケーススタディを「ホフステードの6次元モデル」で読み解き、どうしてそのようなチャレンジが生まれるのかという点にフォーカスして考えていきます。

まず、なぜそのような状況が起こるのか、に対する気づき（アウェアネス）を高めることもここで感じ取っていただきたく思います。もちろん、具体的にどうすればそれを乗り越えられるのか

図 3-1 ホフステードの6次元モデル（再掲）

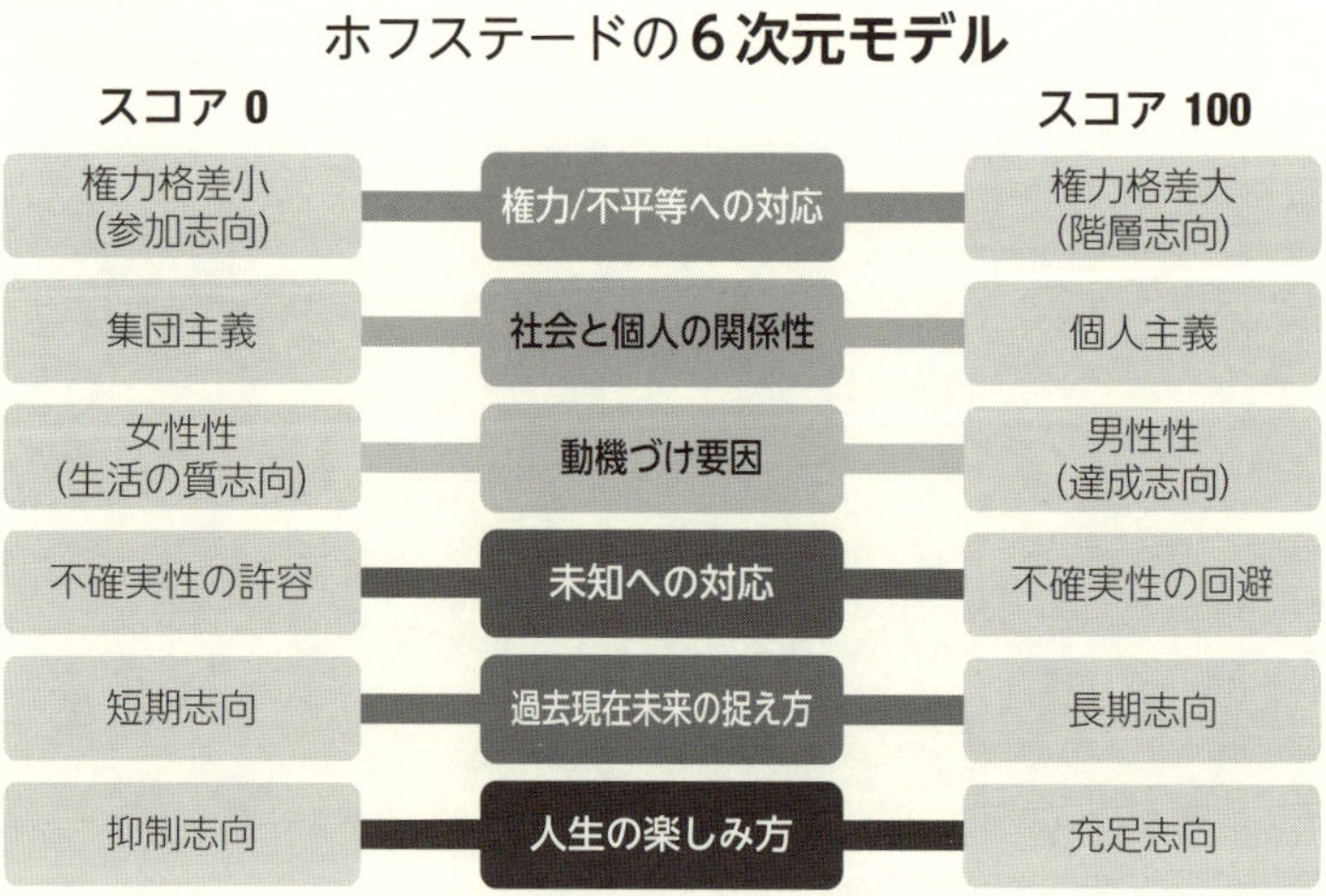

| スコア 0 | | スコア 100 |
|---|---|---|
| 権力格差小<br>（参加志向） | 権力/不平等への対応 | 権力格差大<br>（階層志向） |
| 集団主義 | 社会と個人の関係性 | 個人主義 |
| 女性性<br>（生活の質志向） | 動機づけ要因 | 男性性<br>（達成志向） |
| 不確実性の許容 | 未知への対応 | 不確実性の回避 |
| 短期志向 | 過去現在未来の捉え方 | 長期志向 |
| 抑制志向 | 人生の楽しみ方 | 充足志向 |

と考えることも重要ですが、それは課題が特定された瞬間に自ずと見えてくるものだと考えています。

## 事例1 日米M&Aプロジェクト（アメリカ）

**状況説明**

ある日系大手メーカーが、北米での市場開拓を狙い、米系産業用部品メーカーを買収した。日本側のM&A責任者は「買収したとはいえ、北米市場に関しては皆さんに知見がある。この市場は任せます」と、PMI（買収統合）を円滑に進めるために現地の意見を尊重することを表明し、アメリカ側はこれを歓迎した。しかし、実際に統合後の協業が始まると、色々と不協和音が聞こえはじめた。

ある会議では、米国側からCFOとその補佐の2名が参加したのに対し、日本側からは12名と大人数の人間が参加。月次レポートの内容について日本側の仕様に合わせるよう、細かいデータの提出を要請した。ビジネスの現状には合わず、余計な仕事が増えることから、米国側は拒否。日本側は一度は主張を引っ込めたが、次の会議で再び、同じ要請を繰り返した。

人員削減というセンシティブなテーマを扱った別の会議では、米国側からは人事部長ひとりが出席したのに、日本側からは10名が参加、そのうち8名は発言しなかった。会議に出席するのは発言する人と考えている人事部長は、不信に思いながらも、施策で合意できたのでほっとしていたが、次の日のメールでその結論がひっくり返った。

その後同じようなことが繰り返され、会議を重ねても結論が出ず、意思決定されないことにアメリカ側は苛立ちはじめた。アメリカ側は「ミーティングの参加者が多い割には発言者が限られている。しかも発言者は意思決定者ではないようだ。こんなやり方では、社内の調整に時間が取られ、市場でのビジネスチャンスを失う」と言っている。そのうち、現場は冷めた目線でこの統合作業を捉えるようになりお互い否定もしないが肯定もしない硬直状態になってしまった。

**図 3-2　米国と日本の比較**

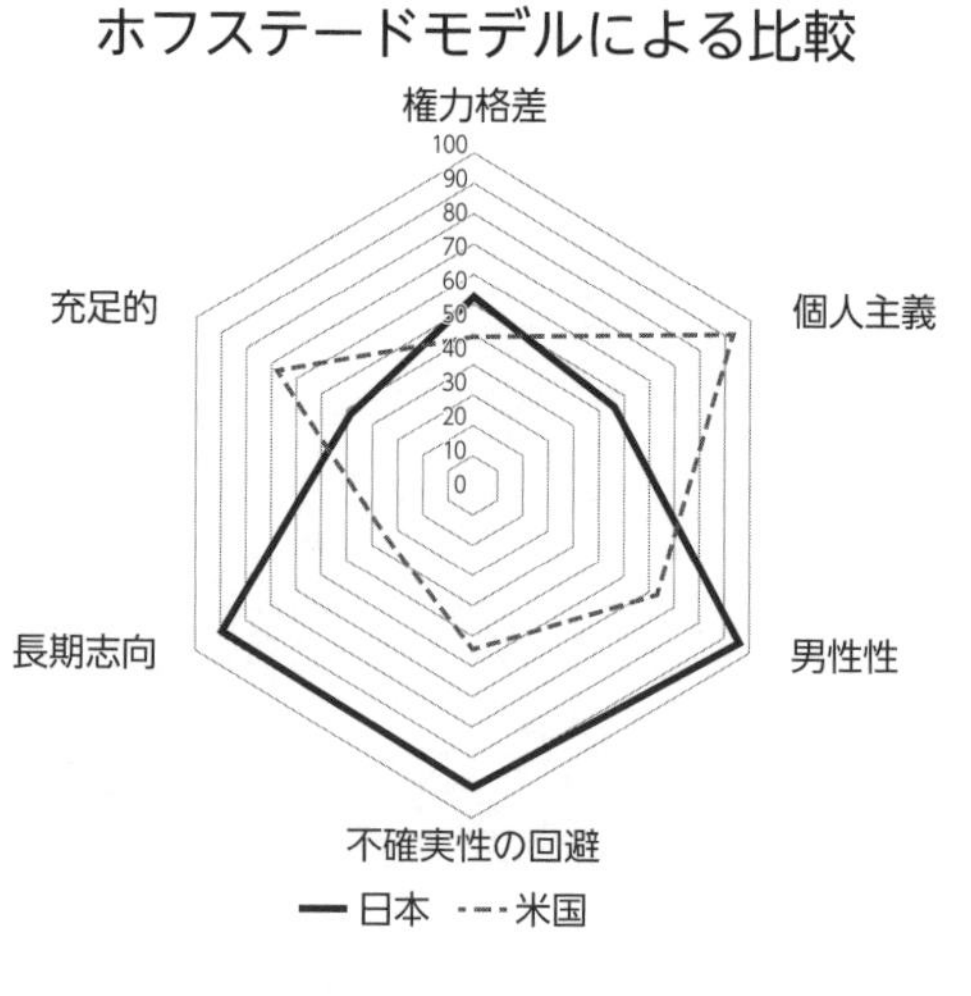

まず、米国と日本の6次元スコアから文化的特徴を見てみましょう。

### ■米国のスコア

権力格差（PDI）……………………40
集団主義／個人主義（IDV）………91
女性性／男性性（MAS）……………62
不確実性の回避（UAI）……………46
短期志向／長期志向（LTO）………26
人生の楽しみ方（IVR）……………68

● 比較的低い権力格差（40）と世界で最も強い個人主義（91）の組み合わせは、「すべての人に自由と平等が与えられるべき」というアメリカの大原則をよく表しています。こうした社会では、「オープンドアポリシー」に代表されるように、上司は誰でもコンタクト可能な組織が作られやすく、部下は上司に相談をしながら積極的に情報交換をすることを期待されます。コミュニケーションスタイルは、非常にダイレクト。自立してイニシアティブを発揮することを期待され、評価の基準は明確な職務規定（Job Description）と目標設定の下で、具体的に何を成し遂げたのかというファクトベースで決まります。

● 高めの男性性（62）は強い個人主義と相まって、学校や職場、日常の遊びにおけるアメリカ人の行動に影響を与えており、「ベストに近づくためにできるかぎり努力すべきである」「勝者がすべてを手に入れる」「やればできる」という価値観が共有されています。勝者となることがゴールであり、「適度なコンフリクト（意見のぶつかり合い）がベストなものを生み出す」とも考えられており、訴訟や裁判が簡単に起きやすい土壌であるともいえます。

● 平均を下回る不確実性回避傾向（46）は、新しいアイデアやテクノロジー、革新的なビジネスの取り組みに対する受容性の高さを表しています。不確実性の回避スコアが高い国に比べると、最低限のルール以外に規定を設けることをよしとせず、その都度最善の対応をしていきます。

● 短期志向（26）のため、すぐに結果を出すことにこだわり、それを承認してもらいたいという思いがあります。

● 充足的スコアが高いので（68）、ナイキのJust do it!のスローガンに代表されるように、自分たちはできる、と、物事を前向きに捉えます。「成功」や「偉業」について、オープンに、やや誇張して語る傾向もあります。

**■日本のスコア**

権力格差（PDI）……54
集団主義／個人主義（IDV）……46
女性性／男性性（MAS）……95
不確実性の回避（UAI）……92
短期志向／長期志向（LTO）……88
人生の楽しみ方（IVR）……42

日本の特徴は第5章でも詳細に分析しますが、ここでは6次元のスコアをベースに見ていきます。

● 中間にある権力格差（54）は、日本が階層社会とフラットな社会の境界線上にいることを示しています。日本組織がプロジェクト承認を上司に得ながらゆっくりと意思決定していく姿を見て、外国人は日本を階層社会として捉えている人もいます。

しかしこれは逆説的に、階層社会に存在するような一人で決断を下せるリーダーが組織にいないことを示しているともいえます。日本的組織のリーダーは決断する人ではなく、承認する人だといえるかもしれません。

- 集団主義のスコア（46）も中間です。米国、西欧など、個人主義の強い国からは集団主義的に見られます。個人の主張よりも集団の和に重きを置き、地域社会と調和することを求め、面子を重視する傾向があるのは事実です。しかし中国や韓国、東南アジアの国々、中東、中南米、アフリカ諸国に比べると、集団主義的とはいえません。日本は父系社会といわれ、かつては家族の名と資産が継承されるのは主に長男のみで、中国や韓国に見られるような拡大家族は生まれませんでした。核家族主体のどちらかというとアメリカに近い家族社会が営まれています。
- 企業への忠誠心の高さが集団主義の特徴として語られることもありますが、これは自分たちのためにそのように選んでいるだけで、個人主義的な行動ともいえます。米ギャラップが世界各国の企業を対象に実施した従業員のエンゲージメント（仕事への熱意度）調査によると、日本は「熱意あふれる社員」の割合が6%しかおらず、調査した139ヵ国中132位と最下位クラスでした。[1]
- 日本は世界で最も男性性が高い（95）社会の1つです。このような社会では、成功

1　「熱意ある社員」6%のみ　日本132位、米ギャラップ調査 日本経済新聞2017/5/26 0:29
https://www.nikkei.com/article/DGXLZO16873820W7A520C1TJ1000/

を追い求め強い主張を持つ個人間の激しい競争が見られますが、日本では米国に比較して集団主義寄りのスコアとの組み合わせから、そうした競争的な個人を見ることは稀です。代わりに白組、紅組といったグループ分けが幼稚園からＮＨＫ紅白歌合戦にまで見られるなど、グループ間の競争を見ることになります。企業においても、他者との競争に生き残った〝勝ち馬〟企業で働いていることが従業員にとってモチベーションの源泉になり、〝勝ち組〟〝負け組〟とすぐに単純構造化した世論が生まれるのも特徴といえます。

● 日本でこの男性性の高さが表れているのが〝職人気質〟。ギフトラップや食品サンプル、旅館でのサービスのようなモノづくり・おもてなしの卓越性、完璧へのこだわりに見られます。職人が何十年もかけて自分の技を弟子たちに伝えていくように、組織においても「我が社のやり方」を従業員に伝えるという行為も、男性性の高い環境で生まれるものだと考えられます。しかし、この傾向は、一歩間違えば目的なき、ルールなき深夜残業といった労働基準法違反行為にも繋がりやすく、家庭との両立を目指す人々（特に女性）がマネジメントになる道を妨げる要因にもなっています。

● 日本は地球上で最も不確実性の回避スコアが高い国（95）の１つでもあります。

「未来を予測し不確実なものを取り除きたい」という欲求が社会のあらゆる面に装置として埋め込まれています。ビジネスパートナーへの信用調査やフィージビリティスタディに多くの時間と労力を費やす傾向があり、プロジェクト開始の決断を下す前にあらゆるシチュエーションに応じた対応策や詳細な数字の提出を求めることで、すべてのリスク要因を解決しようとします。不確実性の回避の高さは、日本組織での改革の実現が難しい理由の1つとも考えられます。

## 文化的視点から見た課題の捉え方

今回のPMIのケースでは、当初の「米国市場は任せる」との発言から、日本側の姿勢が徐々に変更していることが見てとれます。月次レポートの仕様を日本に合わせるよう要請するなど、米国にとっては必要のない無駄な作業を課しています。当然、米国サイドには「話が違う」という思いがあります。

「ホフステードの6次元モデル」で比較すると、このケースに影響を与えているのは集団主義／個人主義、不確実性の回避、短期志向／長期志向の差です。

米国では、マネジメントも現場も、明確な職務範囲と責任を持った個人が仕事に取り組んでいます。会議は意思決定の場ですから、プロジェクトに関連した権限と責任を持っていない人間を会議に入れることをしません。タイトルと権限を持った人間が、その個人の責任範疇のなかで決め、物事を前に進めるというスタイルが一般的です。不確実性の回避度が低く、仮説ベースで取り組んで、うまくいかなかったら修正すればよいと考えています。短期志向でトピックを絞って効率的に物事を進めたいので、会議もそのように運営されることが当然と考えています。

一方、日本では、会議は情報共有の場。責任は個人よりもチームのもの。職務領域も曖昧なため、関連するステークホルダーの数が多くなり、会議の出席者も増えます。失敗を極端に恐れるので、決定事項に関する承認をすべてのステークホルダーに対して事前に取りつけながら、関係者との合意形成を丁寧に行うというアプローチが、会議にも反映されます。長期志向であらゆる文脈を読み込んだうえで議論し、良好な人間関係を築いていきたいという意向もあったでしょう。

米国サイドにとっては任された市場のビジネス。意思決定の場である会議で、日本サイドは決定権限を持たない人間が発言したり、発言しない人間が参加し、一度決まったように見えた結論がひっくり返される。この一連の出来事が、アメリカ側の不信感につながりました。

会議の目的、意思決定のプロセスについてお互いの理解がないまま統合が進められると、やがて本ケースのように「話してもしようがない」という末期的状況まで追い込まれてしまいます。

**解決策の例**

### ◉短期的

- 日米で会議の意味合いが違うことをお互いに理解したうえで、会議の目的、意味を合わせる（意思決定の場なのか、情報交換なのか、など）
- 参加メンバーを絞るために事前にアジェンダを精査する
- 米国に権限移譲をする（自分が判断できないこと、コントロールできないことは任せる）

◉長期的

・米国側の意思決定プロセスを理解し、同時に関連部署の存在を明示しながら日本側の物事の進め方について理解を求める
・そのうえで、自分たちの会社の意思決定プロセスを作る
・アメリカと日本の文化の両方を理解し、そこから新たなシナジーを生み出せる人財をPMIマネジャーとして任命する

## 事例2 ある駐在員の憂鬱（オーストラリア）

**状況説明**

コンサルティング会社勤務のAさんがシドニーオフィスのゼネラルマネジャーとして出向して1年が経とうとしていた。彼は部下であるローカルの従業員たちの働き方に苛立ちを隠しきれなかった。

日本ではクライアントからの仕事に120％以上期待に応えようと残業したり、休日出勤をすることが当たり前だったのに、ここでは定時を超えてオフィスに残ってく

れる部下は皆無。それどころか、締め切りに間に合わないと思った瞬間にクライアントに連絡をして納品日を伸ばしてもらう交渉をする部下すらいた。これはAさんにとってショッキングな出来事だった。納期を守ることは絶対と考えていたAさんからすると、やむを得ない事情があったとしても約束を反故にすることは恥だと考えていたからだ。

そんな日々が続いていたあるとき、日本本社からオーストラリアでのビジネス拡大を狙うクライアントのプロジェクトをシドニーオフィスと共同で行わないかという打診があった。Aさんとしては本社との協力関係を強化する絶好の機会だと思い、「ぜひやりましょう」と即答した。オーストラリア人の部下を鍛え直す良いチャンスとも考えた。

プロジェクトを社内で発表し、部下に仕事をアサインすると、現場から猛反対にあった。理由は「納期が厳しすぎる」。現場のリーダーを務めるアンドリューは言った。「この案件は土日のどちらか使えば納品に間に合うかもしれない。

**図3-3 日本とオーストラリアの比較**

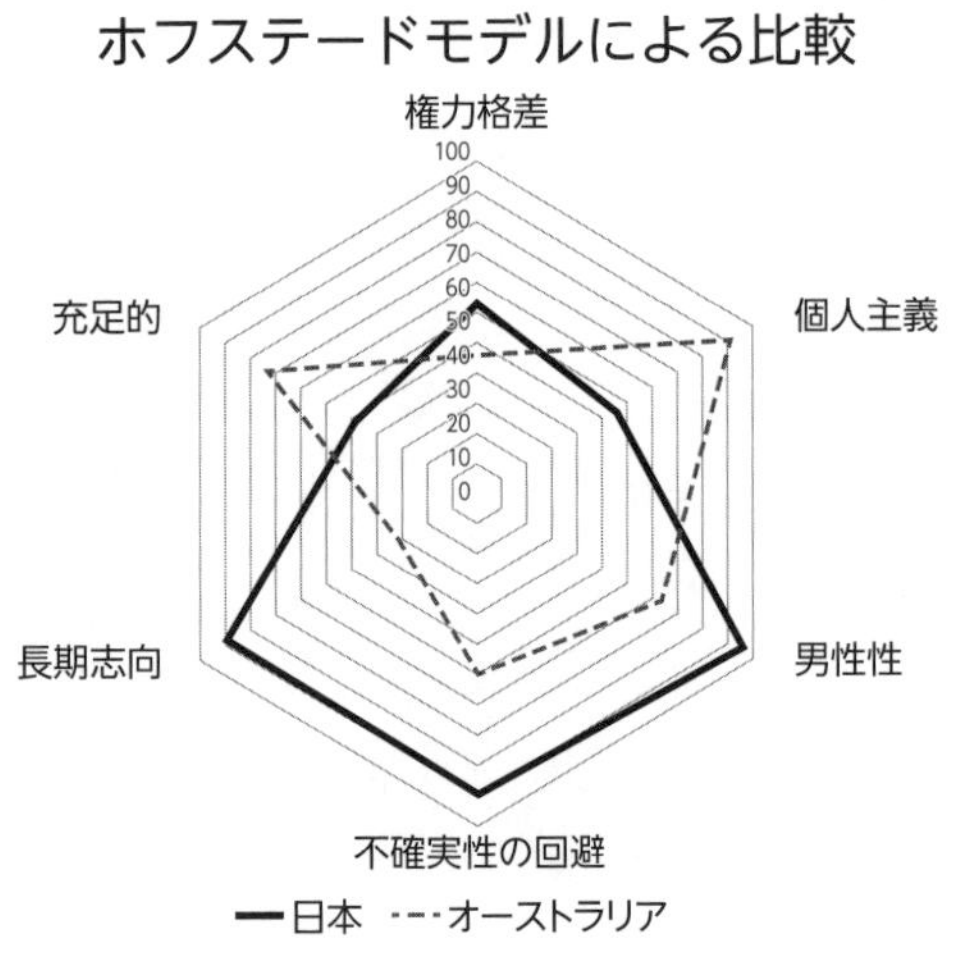

でも土日に仕事をしたい？　俺はごめんだね」。

Aさんは強権を発動してこの社員をクビにすべきか、他のやり方を探るのかで頭を悩ましている。

## オーストラリアの文化的価値観

### ■オーストラリアのスコア

権力格差（PDI）…………36
集団主義／個人主義（IDV）……90
女性性／男性性（MAS）…………61
不確実性の回避（UAI）…………51
短期志向／長期志向（LTO）……21
人生の楽しみ方（IVR）…………71

● スコアの傾向は米国に似ています。権力格差は非常に低く（36）、便宜上組織の階層が作られますが個々人の関係性はフラットで、上司は誰でもアクセスが可能で気軽に相談できる存在であることを期待されています。上司も専門性を持った個人やチームを頼っており、頻繁にお互い相談しあい情報交換することで、組織的な動きができると考えられています。コミュニケーションのスタイルも、カジュアルな雑談のなかで直接かつ対等にお互いの意見を言い合うことが奨励される傾向があります。

- 個人主義が強く（90）、基本の最小単位は「自分と自分の家族」。オフの時間や週末等のプライベートの生活を非常に大切にする社会です。
- 高めの男性性（62）と強い個人主義の組み合わせは、学校や職場、日常の遊びにおけるオーストラリア人の行動に影響を与えており、米国と同様「ベストに近づくためにできるかぎり努力すべきである」「勝者がすべてを手に入れる」「やればできる」という価値観が多くの人間で共有されています。
- 不確実性の回避スコアは中間（51）に位置しており、アメリカ的なJust Do It!（とりあえずやってみろ！）精神からは一歩引いた、保守性も持ち合わせた社会といえます。

## 文化的視点から見た課題の捉え方

本ケースは権力格差、集団主義／個人主義、男性性の差が顕著に出た事例です。

Aさんはローカルの働き方の違いに関して強いフラストレーションを感じています。「120％期待を上回る」「納期を守ることは絶対」という言葉からは、彼が常にクライアントの期待値を大きく上回りたいと努力するストイックさと、絶対に目標を成し遂げたいという強い気持ちが見てとれます。これは日本のような男性性文化が強い社会（95）に起こりやすい感情で、他人には簡単には真似できない匠の技を生み出したり、忠実に計画を実現する原動力にもなりうるものです。

しかし今回それがネガティブな形で現れているのは、Aさんが自分と同じ感覚をローカルの部下たちに期待してしまっているからです。オーストラリアも男性性は強い社会（62）ですが、彼らにとって大事なのは、あくまで自分の責任の範囲内でクライアントの期待値を満たすこと。規定の時間のなかで柔軟性を持って効率的に仕事を回していくほうが評価される環境です。

日本に比べ圧倒的に高いオーストラリアの個人主義スコア（90）は、「週末勤務も含む残業」に対する両者の感覚の違いを生んでいます。個人主義の強い社会では、会社と従業員はあくまで契約上雇用関係にある対等な存在です。会社は仕事の環境と報酬を与えるかわりに、成長のために必要な従業員の専門性と能力を買う、という関係性です。彼らにとって家族のケアを含むプライベートの時間は、仕事と同様に大切なものです。その立場からすると、残業を前提とした仕事は安易に受けられません。

一方、日本はオーストラリアと比較するとやや集団主義寄りのスコア（46）であり、会社組織を社会的に安全な環境を保証してくれる重要な所属集団とみる傾向があります。日本人にとって会社の活動ですら、プライベートの一部として受け入れられる感覚があるといえるかもしれません。これに日本特有の男性性の高さ（95）が加わることで、集団間の過度な競争意識が働き、勝つためには自己犠牲をも厭わないという極端な行動を生む原因になっていると考えられます。

**解決策の例**

- 相手のプライベートを尊重すること

- スケジュールの組み方をローカルの特性に合わせて柔軟に変えること
- クライアントの期待値コントロールをしっかりと行うこと

最後に、Aさんが取り組もうとした「日豪共同プロジェクト」が、あえなく現場の猛反対にあい頓挫しかけているのは何が原因だったと考えられるでしょうか。もちろんすでに上記で分析した内容で説明することも可能ですが、もう1つ考えられる要素としては、権力格差の違いです。

オーストラリアは非常に権力格差のスコアが低い（36）社会です。ここでは上司と部下の関係性はよりフラットであり、部下の意志や自主性が重んじられます。

今回Aさんは日本の本社からのプロジェクト依頼を誰に相談することなく決め、それを下に命令するという形をとっています。このやり方は、権力格差がある程度大きい階層構造を持つ社会・組織では通用しますが、個人主義が強い社会ではなかなか通用しません。

**解決策の例**

- プロジェクト受注の初期から現場にも意見を求める
- 普段からコミュニケーションを密に取り、信頼を得ておく

・常にインセンティブをつけることを意識する

## 事例3 大学留学先でのチームプロジェクト（ドイツ・中国）

**状況説明**

バルセロナにある国際的なビジネススクールのイエセ経営大学院に留学中のフユミは、世界50ヵ国以上から学生の集まる国際的な環境に大興奮していた。大好きな旅行以外ではまったく海外経験がない彼女からすれば、ビジネスを学びながら異なる文化圏の友人と2年間バルセロナで過ごせるのは夢のような時間だ。しかし新学期が始まり、授業で複数のグループワークをこなすにつれて、同級生の勝手な振る舞いにストレスを感じるようになってきた。

ミロは、ドイツ出身の投資銀行家で聡明な人物だが、妻と過ごす時間が何より大切で融通が利かず、チームミーティングで議論が途中でも1時間を超えると帰ってしまう。責任感はあり提出物のクオリティも抜群に高いが、決められた範囲以上のことはしようとしなかった。また、仕事の関係というわけでもないのに、「何か協力をしてほしいときには数日前にアジェンダにまとめて相談してくれ」と言い放つ始末…ＭＢＡの課題や活動を優先する学生が多いなか、またチームワークを重視する校風もあり、他メンバーとの口論・軋轢が絶えなかった。

　中国人のヤンは、オペレーション領域で豊富な経験を持つ、普段は笑顔が絶えない明るい人物だ。プライベートで友達づきあいをする分には問題はないのだが、議論になると自分の得意分野でなくとも主張を曲げず、他の人が話しているのを遮ることもしばしば。中国訛りのきつい英語を周りが理解していないことにも意に介さずしゃべり続けることも多かった。あるとき、ドイツ人のミロがあまりに人の話を聞かず筋の通らない主張を繰り返すヤンに対してそのことを非難し、メンバーの前で彼の言うことをことごとく論破すると、ヤンは次の週からグループワークの場に顔を出さなくなってしまった。

　いままで様々な異文化に触れるたびに喜びを覚えていたフ

**図 3-4　ドイツと中国の比較**

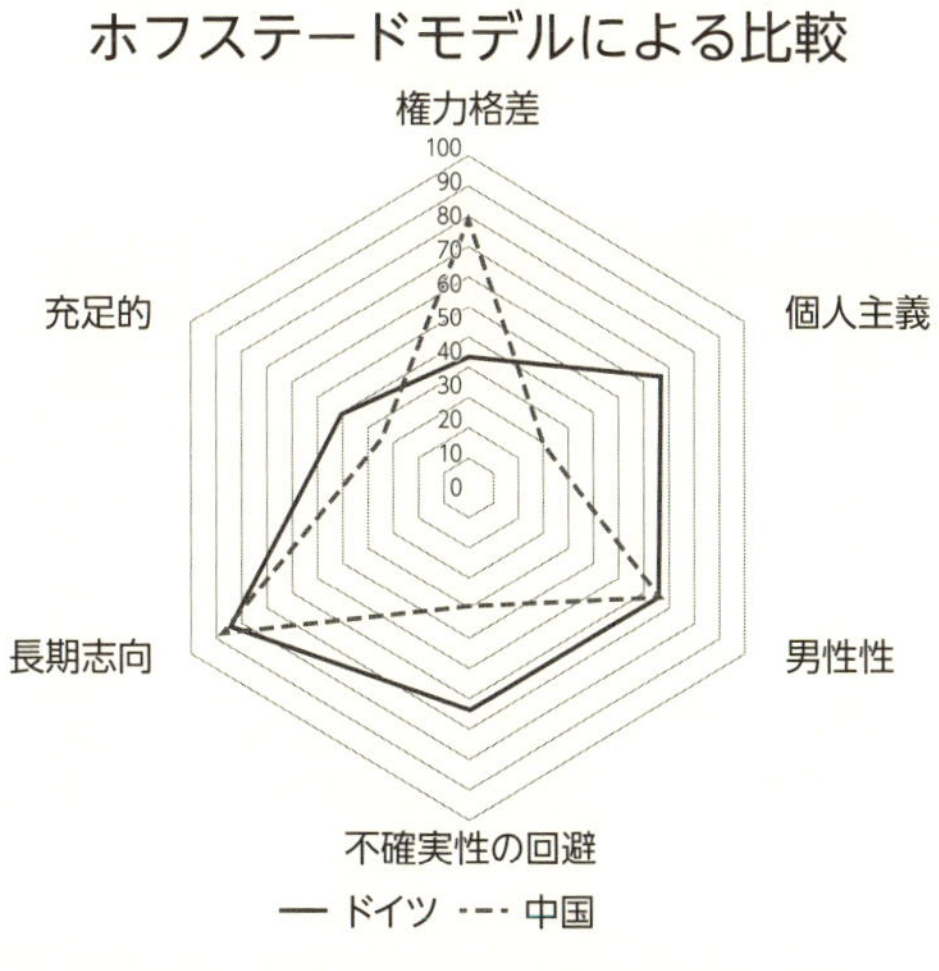

ユミは、心のどこかで「早く日本に帰りたい…」と願う自分と向き合わざるを得なかった。

ドイツと中国の6次元スコアから文化的特徴を見てみましょう。

## ■ドイツのスコア

権力格差（PDI）……………35
集団主義／個人主義（IDV）……67
女性性／男性性（MAS）………66
不確実性の回避（UAI）………65
短期志向／長期志向（LTO）……83
人生の楽しみ方（IVR）………40

- 権力格差が低い（35）ドイツでは、分権化が進んでおり、多くのステークホルダーの間で共同決定権が持たれることが広範に受け入れられています。コミュニケーションスタイルは非常に直接的で、議論を活発に交わしながら会話する打ち合わせが一般的。特定の人間による一方的なコントロールは嫌われる傾向があり、リーダーは専門知識を示し、根拠を持ってチームをリードすることを期待されています。

- ドイツはまさに個人主義的な社会（67）であり、人は自己実現を追い求めるべきという強い観念が社会全体にあります。組織や他人に対する忠誠も、義務や責任と同様に個人の嗜好がもとになっており、雇用者と雇用される側との間には明確な契約が存在します。またこうした個人主義的な姿勢はコミュニケーションの考え方にも影響を与えており、「間違いから学ぶ平等な機会を与えるべき」という信念から、とても直接的な物言いが奨励されています。
- 男性性が高い社会（66）であることから、学校のシステムも10歳には子供たちを能力タイプ別のクラスで教育する仕組みができあがっており、仕事でのパフォーマンスの良し悪しが厳しく評価される環境です。ドイツの不確実性の回避の高さ（65）は、特定の人物が決定権を持たない権力格差の低い社会特性と相まって、「専門性」に強く依存した社会を作ります。フラットな組織のなかで不確実な未来を少しでも減らすために、専門家の意見を聞きながら誰もが納得する論理的かつ長期的な視点のもと、決断を下していきます。

## ■中国のスコア

| | |
|---|---|
| 権力格差（PDI） | 80 |
| 集団主義／個人主義（IDV） | 20 |
| 女性性／男性性（MAS） | 66 |
| 不確実性の回避（UAI） | 30 |
| 短期志向／長期志向（LTO） | 87 |
| 人生の楽しみ方（IVR） | 24 |

- 中国は権力格差が非常に大きい社会であるため、上司がトップダウンで部下に指示します。集団主義が強く（20）、特に採用や昇格時に自分の所属グループに近い近親者を優先的に取り立てようという環境があります（これは個人主義が強い国の人間から見るとアンフェアな出来事として見られます）。
- 中国は男性性が高く、社会的な成功のために家族や余暇の時間を犠牲にすることが当たり前のことのように受け入れられています。地方から都市への出稼ぎも多く、彼らの多くはより良い賃金を求めて移動し、家族は遠くに残しながら仕送りをするという生活を送っています。学歴も社会的成功のために重要な要素であり、学生た

ちは試験の点数と自分のランクをとても気にしています。こうした傾向の背後には、自分が属する内集団の利益になるように、との思いがあります。

- 不確実性の回避スコアの低さ（30）は、ルールに縛られるよりも、ある程度状況に応じて対応を考える柔軟性や曖昧さがあるほうが快適だと感じる人が多い社会を意味しています。日本のように不確実性の回避が高い国の人間からするとこの環境はリスクと考えられることが多いですが、電子通貨の普及やアリババやテンセントといったグローバル企業の発展を見るに、イノベーションを生みやすい土壌を作っています。

## 文化的視点から見た課題の捉え方

最初に注意したいのは、「ホフステードの6次元モデル」のスコアはあくまで国全体のカルチャーを示しているものであり、個人の性格や特性を表すものではないということです。

その認識のうえで、「このような環境で育った人間には～のように考える合理的な傾向がある」というふうに捉えながら、課題について考えていきましょう。

ドイツ人ミロ君のケースですが、ドイツのスコアを見ると彼が何か意図的に問題行動に出たわけではないということがよくわかります。

例えば、低い権力格差（35）と高い個人主義（67）、高い不確実性の回避傾向（65）をあわせ持つ社会では、自分たちの専門性を拠り所に、極力お互いが対等な立場で、物事を効率的に進めることが奨励されます。

そういう社会で育った彼からすれば、「事前に決められた時間が過ぎたら帰ること」も「決められた範囲以上のことはしないこと」も「事前にアジェンダとアポ取りを求めること」も、元々チームプロジェクトをするうえで当たり前の要件だったといえるかもしれません。

ただ問題は、これが他のメンバーから見ると「チームワーク精神がない人」となってしまったことです。

例えば、男性性が非常に高い社会（95）で育ったフユミからすると、「会議を途中で帰る」＝「コミットメントがない」と捉えられ、チームメンバーとして許しがたい行為と映っていたことでしょう。

同様に、ドイツに比べて集団主義寄り（46）で、明確な職務規定（Job Description）が求められない環境のなかでジェネラリスト（なんでもやる人）として生きてきたフユミからすると、「決められた範囲以外のことをしない」「事前にアジェンダを求める」という態度も理解し難かったに違いありません。

しかし、ミロ君が「任された範囲の提出物のクオリティは高かった」という記述にあるとおり、彼はプロジェクトの成果に対してはしっかりとコミットメントを示し、結果を出していました。彼の立場からすれば、彼がベストだと考える形で「チームに貢献しよう」としていたわけです。ここに文化の違いが生む問題の難しさがあります。

こういうときは、自分のモノの見方が実は「一方的なもの」なのではないかと客観視しながら、相手の物差しで課題を読み込み直してあげることが有効です。

**解決策の例**

- プロジェクトの進め方について最初に議論すること
- ゴールを共有し、結果に対してメンバーのコミットメントを確かめ、プロセスに柔軟性を持たせること
- 家族も含めた人間関係を築けるように食事会を行う

中国人ヤン君のケースでは、チームメンバーの前で非難されたことを契機にグループワークに来なくなってしまいました。権力格差と集団主義／個人主義のスコアの違いによる信頼の構築方法と、コミュニケーション手法のギャップが要因です。

ドイツは権力格差が低く（35）、個人主義が強い（67）社会であり、非常にダイレクトなコミュニケーションが行われます。ときには相手の痛い懐をズバリと刺す、ということも、お互いの成長のために必要だと考えられています。

一方、中国は権力格差が高く（80）、集団主義（20）の中国では、信頼の構築と面子が重要です。ヤン君にとって、ビジネススクールのグループは、この時点では自分の内集団ではありません。信頼していない相手に、他のメンバーの眼前で批判されたのは、面子を失うことにつながります。本当に彼の行動を変えたいのであれば、1対1の状況で膝を詰めながら話し合いをするというほうが、よほど効果的でした。

**解決策の例**

- 授業以外の場で人間関係を構築する努力を怠らない
- 人間関係を構築した後、個別に彼の悩みを聞き、間接的に問題点を指摘し、ともに解決策を考える

## 事例4 マレーシア人シャリファの葛藤（マレーシア）

### 状況説明

東京の商社に勤める田中さんは、米国勤務を経て、アジア統括として東南アジアを中心にビジネスの拡大を狙う重要なポジションへと昇格した。米国支社で揉まれた経験を頼りに、与えられたミッションを達成しようと考えた田中さんは、これからの市場の成長が期待できるマレーシア支社で高い評価を得ていたシャリファをプロジェクトマネジャーに任命し、業務拡大のためのチームを築いていった。

プロジェクト開始当初、田中さんはシャリファとともに頻繁にミーティングを開きながら現地における営業戦略を立て、その進捗をチェックしていた。彼女が想像以上に有能であることがわかったため、他の東南アジア諸国でのプロジェクトが同時進行するようになってからはシャリファにマレーシアにおけるすべての決定を委任し、口を出さないようになった。その後、マレーシアにおいて数百億円規模の取引の話が持ち上がった際も、あくまでサポートする立場を崩さず、彼女の顔を立てて自分は現場に赴かずにいた。田中さんはかつて自分がリードしているプロジェクトに上司から余計な横やりを入れられたり、その手柄を盗まれた苦い経験があるため、彼女のためにもそうすべきだと考えていた。だから、プロジェクトの最終段階までは口を出さないつもりでいたのである。

しかし、シャリファの推進するプロジェクトは、当初の予定スケジュールどおりにまったく進まず、契約締結の最終段階で取引先の上層部によって覆され、半年にわたって交渉をしてきた週百億円規模の取引を競合企業に奪われるという最悪の結末を迎えた。また、責任者であったシャリファも「このプロジェクト期間中、孤立無援の状態にあった。もう田中さんのもとでは働けない」と、会社を退職してしまった。取引と優秀な部下を同時に失い、田中さんは何が悪かったのだろうかと天を仰いだ。

■マレーシアのスコア

権力格差（PDI）……………100

図 3-5　日本とマレーシアの比較

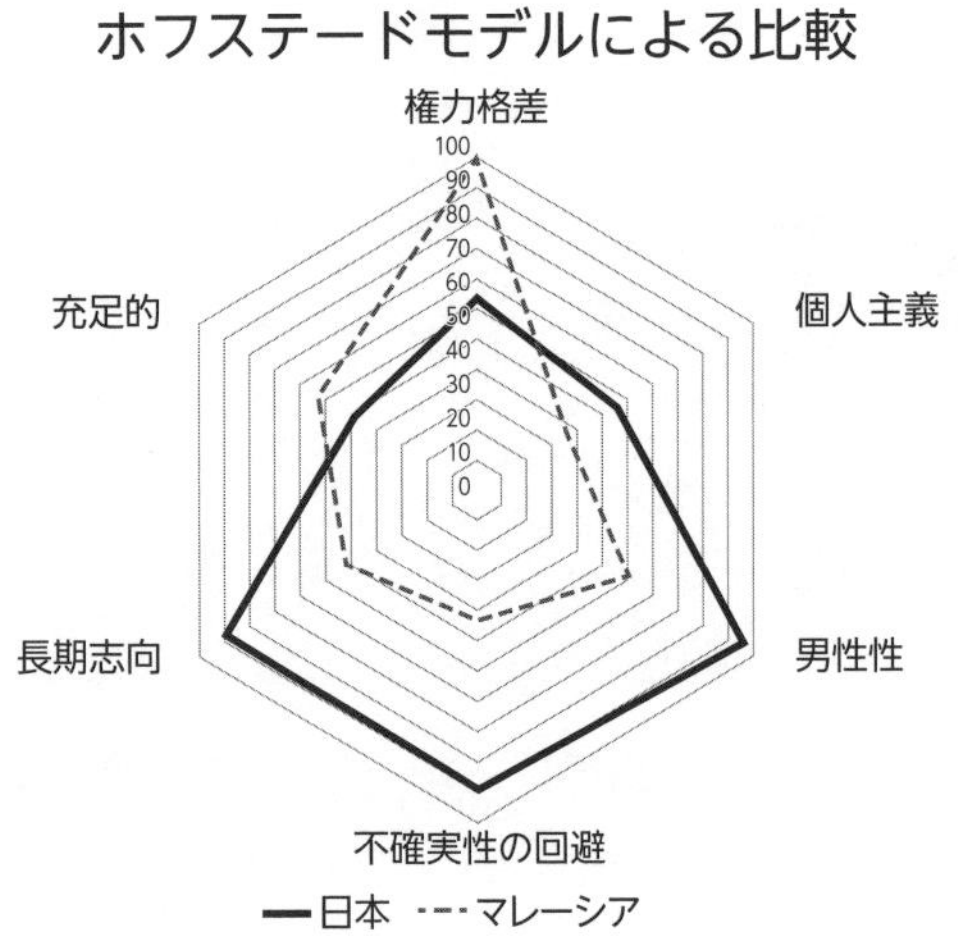

集団主義／個人主義（ＩＤＶ）……26
女性性／男性性（ＭＡＳ）……50
不確実性の回避（ＵＡＩ）……36
短期志向／長期志向（ＬＴＯ）……41
人生の楽しみ方（ＩＶＲ）……57

- マレーシアの権力格差は世界でも最も高く（１００）、階層的な構造が受け入れられている社会です。組織ではトップダウン、中央主義的な運営が最も一般的で、部下たちは上司からの命令を待つ傾向にあり、リーダーも慈悲深い独裁者が理想とされています。
- 集団主義傾向が強く（26）、家族や近親者を中心とした内集団との関係性へのコミットメントが強く、内集団への忠誠心がときには社会的なルールや規制を上回るほどです。このような社会では、相手を批判したり、論争を繰り返すといった攻撃的な態度をとることは、結果的に他者に恥をかかせたり面子を失わせる可能性があるため好まれません。雇用主と従業員の関係は家族のつながりに近い感覚です。
- 不確実性回避の傾向は弱いため（36）、社会全体は寛容でリラックスした雰囲気を保ち、必要以上のルールや規制は好まれません。人々は正確性や時間厳守といった感覚を自然に持ち合わせておらず、スケジュールはよくいえば柔軟で、イノベーションも脅威とはみなされていません。

## 文化的視点から見た課題の捉え方

今回のケースでは、大口の取引と大事な部下を失うという最悪の結末になりました。シャリファが最後に残した「このプロジェクト期間中、孤立無援の状態にあった」という言葉から、彼女が一体何を感じていたのかを推察してみましょう。

彼女の上司田中さんは、当初頻繁にマレーシア市場攻略のための打ち合わせに同席していましたが、シャリファの有能さを認めてからは彼女にすべての決定を任せる権限移譲を行っています。彼の感覚では、リーダーとは部下の能力を最大限活かせる者であり、権限委譲は最高の評価に等しい行為だったわけです。

しかし、シャリファはそのようには受け取りませんでした。彼女からすると、上司の田中さんは自分への関心を失い、プロジェクトそのものを丸投げにしたと映ったのです。シャリファのモチベーションは下がる一方でした。

この認識の違いは明らかに、権力格差の違いが生んだものといえるでしょう。権限移譲を認めるのは、権力格差が低い文化圏の特徴です。日本は中盤のスコアにあたりますが、田中さんは米国駐在経験のある成功したビジネスマンであり、そのリーダーシップスタイルはまさにアメリカ的な権力格差の低い国（40）でこそ機能するものだったと考えられます。

一方、マレーシアの権力格差は世界一高く（100）、上司からの指示命令を最大限効率的にこなすことが望ましいと考えられる環境です。上司は、部下の進捗状況をこまめにチェックし、指示、アドバイスを欠かしません。田中さんのコミュニケーションの取り方は、シャリファにとっては放任のように感じられ、彼女を困惑させるばかりでした。「任せて見守る」という彼の意図はほとんど伝わりませんでした。結果的に、シャリファは不安のなかでプロジェクトを推進せざるを得ませんでした。

**解決策の例**

- プロジェクト進捗について積極的に関与する
- リーダーとして戦略立案やそのプロセスには強い意見とビジョンを持って望む
- 部下に明確な指示を出し、その進捗状況についてこまめにチェックする契約締結の最終段階で、取引先の上層部によってそれまでの交渉内容を反故にされたという話も、この権力格差の次元が絡んでいます。権力格差が高い社会は、階層構造化されており、一人の権力者によるトップダウンが行われやすい環境です。つまり、現場レベルの交渉で決定した事項は、トップの気分や意思決定で簡単に覆るということです。

今回、田中さんはシャリファの顔を立てて契約交渉開始のタイミングではあえて打ち合わせに登場しませんでした。が、これが裏目に出ました。最初からアジア代表として先方のトップと確認し合い、細かい交渉は現場に任せるというスタンスを貫いていれば、途中で競合に扱いを奪われるという事態には至らなかったでしょう。

集団主義傾向が強い(26)マレーシアのような社会では、「どのグループに所属している(知っている)か」が信頼を獲得するうえで重視されるので、田中さんもネットワークを駆使して地元の有力者から紹介を受け、事前に取引先とビジネス以外の場で信頼関係を築いておくことも重要でした。信頼関係が構築できた後、オフビジネスの場で会社の持つ力を伝える行動をとれば、違った結果になったかもしれません。

**解決策の例**

- 取引先トップとの長期的な人間関係を築くことを最優先する

## ●そのために必要な人的ネットワークの構築に注力する

以上、4つのケースを読み解きながら、「ホフステードの6次元モデル」を用いて異文化間に潜んでいる様々な課題について分析をしてきました。

異文化間で起きる問題の多くは、いずれかのプレイヤーが何か重大な間違いを起こしたというより、文化間に潜む価値観の違いを無視し、お互いの言動を自分たちだけの尺度で解釈することによって起こる「誤解の積み重ね」から生じています。そんなとき、ホフステード理論は、お互いをより深く理解し、コミュニケーションを円滑に進めるための良きツールとなってくれるでしょう。

自分の常識を相手に押しつけるのではなく、文化の差によって生じる働き方のマインドセットの違いを意識し、相手のライフスタイルや意志決定のプロセスへ理解を示すことが、グローバルでビジネスを行ううえで非常に重要なスキルなのです。

## コラム3 サッカーに見る文明の衝突

### サッカーという多様性溢れるグローバルコンテンツ

世界中の老若男女に楽しまれるサッカーをはじめとするスポーツは、まさに国境を超えたグローバルコンテンツといえます。私自身もバルセロナに留学していたこともあり、学校の友人たちとビールを飲みながらサッカー観戦をするのは日常的な出来事でした。そんなときによく出た話題が「お前はどのリーグが好き?」というものです。

例えば、攻撃的でテクニカルなサッカーが魅力的なスペイン、カテナチオといわれる堅守と相手の弱みを突く緻密な戦術が主体のイタリア、ダイナミックなカウンターサッカーが繰り返されるドイツ等々。「サッカー」といえば世界共通の概念かと思いきや、共通なのはルールだけで、熱狂的かつ勉強熱心なファンの口から気に入らないプレースタイルに対して「あれはサッカーじゃない」という否定的な言葉が飛び交うほど、実に多様性に富んだエンタテイメントです。

### リーダーシップスタイルは1つじゃない

大手データサイト「transfermarkt」によれば、ワールドカップ2018の優勝国フランス代表の市場価値総額(選手23名)は、約1387億円で世界1位。2位はスペイン代表で約1336億円と、一人あたり平均年俸60億円という大きさです（ちなみに日本は全体25位で約94億円[2]）。

こうしたチームのスター選手たちが毎年世界各国のサッカークラブ間で、高額な移籍金とともに契約交渉（要は売買）されるわけですが、必ずしもあるリーグで活躍した選手が次の移籍先で活躍できるわけではないのがサッカーの面白い（辛い？）ところです。

仮に選手を1つのプロダクト（商品）と考えると、当然、生産された場所のサッカースタイルに影響を受けますし、上述したようにリーグが異なればその環境にある程度自分のプレースタイルをローカライズさせる必要が出てきます。これは日本でヒットした商品が、そのまま海外で売れるわけではないのと同じ理由です。

次に、そのクラブチームとの相性も欠かせないでしょう。ＦＣバルセロナの元最高責任者フェラン・ソリアーノは著書『ゴールは偶然の産物ではない』（グリーン裕美訳、アチーブメント出版）のなかで、状況別に機能する４つのリーダーシップ（権威的、コーチ、まとめ役、政治的独裁者）について詳細に分析していますが、特に指導者（監督）のリーダーシップスタイルの重要性について強調しています。

あるチームでは、指導者の理想とするサッカーを正確に再現させることでワークするときもあれば、大きな枠を示しつつも選手たちの自主性（クリエイティビティ）に委ねたほうがよいときもある。正解は1つだけではありません。

このようにサッカーには、経営リソースたる選手たちを活用しながら、優勝もしくは1部

2 https://www.footballchannel.jp/2018/06/05/post272842/

リーグ残留などの目標達成という経営者としての手腕が問われます。この際に、様々なバックグラウンドを持つ選手の個性や多様性に対する理解は欠かせません。

### 揉めに揉めた日本代表監督問題

ロシア・ワールドカップ直前に日本代表監督を解雇となったヴァヒド・ハリルホジッチ氏と日本サッカー協会の騒動は記憶に新しいことと思います。予選突破を決めて、いざ本番というときの出来事に、私も唖然としてしまいました。このとき、争点となったのは「コミュニケーションの問題」でした。[3]

日本サッカー協会は解雇の大きな理由の1つとして、選手と監督との間にコミュニケーションの問題があったとし、解雇に至る決断の経緯を説明しました。

一方、ハリルホジッチ氏は選手とのコミュニケーションに関し、「何の問題もなかった」「誰ひとりとして問題があると言ってくる人はいなかった」と真っ向から反論し、記者会見まで開いて陳情する事態に発展しました。[4]

私はジャーナリストでもサッカー評論家でもないので、何が本当の原因でこういう事態が起きたのかはわかりませんし、誰かに責任を押しつけるような断定をする気もありません。ただ、1つ感じることがあるとすれば、これはよく日本と海外で起きがちな「コミュニケーションの問題」だということです。少し文化の側面から見てみましょう。

3 https://www.daily.co.jp/soccer/2018/05/28/0011302517.shtml?fbclid=IwAR1IirT5PtwP6jJDpDY9HAh35Jxbpv-EGltcpxHVYtuT-4KKgaZK5IejjVk

4 https://sports.yahoo.co.jp/column/detail/201804290002-spnavi

### 文化がコミュニケーションのあり方に与える影響

ハリルホジッチ氏の生まれ故郷であるセルビアは、かつてスロベニア、クロアチア、ボスニア・ヘルツェゴビナ、モンテネグロ、マケドニアとともに6共和国で誕生したユーゴスラビア連邦と呼ばれる国でした。その後、2006年のモンテネグロの独立を最後にユーゴスラビアは消滅し、現在の形となっています。「ホフステードの6次元モデル」から見ると、セルビアは次のような文化的特徴を持っています。

**■セルビア**

PDI（権力格差）……………86
IDV（個人主義）……………25
MAS（男性性）……………43
UAI（不確実性の回避）………92
LTO（長期志向）……………52
IVR（充足性）……………28

これを見ると、セルビアとは権力格差と不確実性の回避が非常に高く、集団主義的な傾向にある国であることが理解できます。

では、このような国ではどういうリーダーシップスタイルが好まれるのでしょうか。

高い権力格差と不確実性の回避の傾向が強い環境では、強力な決定権を持つリーダーが存在します。そしてリーダーシップのスタイルでいえば、規律とビジョンを持った強い指導者が好まれます。実際にハリルホジッチ氏のモットーは「ルール。規律。練習」ということですので、こうした価値観を生みだされてきた背景は想像に難くありません。

そしてコミュニケーションのあり方に大きな影響を与える個人主義スコアを見ると、セルビアは集団主義的な傾向にあることから、人間関係ベースの暗黙的なコミュニケーションにも慣れていることも推察されます。

これに加えて、ハリルホジッチ氏には長年、フランスのチームを率いてきた経験がありました。フランスは個人主義スコアが高い（68）ことを除き、実はセルビアに非常に近い文化的特徴を持っています。

個人主義が強い社会では、非常にダイレクトなコミュニケーションがとられます。つまり、何か問題があれば直接言い合うのがルール。この環境では強い個人との議論を通じて、より良いものが生み出されるという信念があります。おそらく集団主義的な文化圏で生まれ育ったハリルホジッチ氏のような人間が、こうした習慣に慣れるのには、選手時代も含め、相当な苦労があったでしょう。

しかし、それを乗り越えて代表監督の地位を築いたわけですから、ハリルホジッチ氏は「選手とのコミュニケーションを丁寧に行えるという点」においては、自他ともに認めるプロフェッショナルだったのだと私は考えます。

それだけに、選手とのコミュニケーション問題を理由に解雇されたことに、自分のアイデンティティを否定されたくらいの強い憤りを感じてしまったのではないでしょうか。

一方、こうしたリアクションを引き起こしてしまった日本人の立場として、我々が学ぶべきことはたくさんあります。

例えば、日本は文化的に見ても、責任の所在を明確化するのが得意ではない国です。権力格差が中間にあることから、一見組織に明確な階層があるように見えて、実は一人の意思決定者が存在しにくい構造にあります。加えて、不確実性の回避の高さからあらゆるステークホルダーとの合意形成を行おうとするため、さらに責任を分散化させる傾向にあります。

結果的として、クリアな共通のビジョンを持ちづらく、成功と失敗の基準も不明瞭なままに周りの空気に流されてしまうのです。

こうした日本の特徴は、和や協調を重視する安定した社会をつくることに役立ってきた側面もありますので、否定すべきことではありません。

ただし、異なる価値観や文化的バックグラウンドを持つ人間とコミュニケーションを行う際には、自分流を相手に押しつけてはうまくいかないということを、心に刻みつけておくべきだと考えます。

ハリルホジッチ氏の件は、こうした分析からすると、シンプルに試合の結果責任を理由に継続的な会話ができていれば、ここまで揉めることもなかったのではないかと思います。

## その後の日本代表の活躍について

日本代表はその後、周囲の期待を大きく上回りW杯ベスト16まで進出し、多くの感動を届けてくれました。そのなかで印象に残ったエピソードがあります。

## チーム内のコミュニケーションの活性化

本田圭佑選手のインタビュー[5]のなかに、監督交代以降、チーム内で「前向きな議論」がたくさんできるようになったというエピソードがありました。これは明らかに、厳格な親タイプのリーダーから、部下のイニシアティブを奨励するコーチ的なリーダーへの移行があったということです。

これは結果的に、チーム力を1つにする効果がありました。もちろんW杯直前で選手の危機意識が一体化していたということもありますが、この環境で最もフィットしたリーダーがチームを率いていたといえるでしょう。

サッカーというトピック1つでいろいろと日本の文化とその影響について考えてきました。リーダーシップの観点からも、国民文化はまさに組織のあり方そのものを制約する力を持っているといえると思いませんか？

ぜひ一緒に楽しみながら、皆さんなりの解釈を発信していただければと思います。

（宮林隆吉）

5　www.footballchannel.jp/2018/05/28/post271533/

# 第4章

# 6つのメンタルイメージとマインドセット

これまで、ホフステード博士の研究に基づく6次元モデルの基礎理論と、私たちが国境を超えて活動するときに起きる、具体的な文化間の課題の読み解きを取り上げました。

ここからは、このようなCQ「知識」を、日本人としての私たちが、より実践的な立場から使っていくためのCQ「戦略」について考えていきます。

この章では、国民文化の心のプログラムのもとで、暗黙の前提とされている組織モデルである「6つのメンタルイメージとマインドセット」を解説します。

## 国によって異なる暗黙の組織モデルと調整機能

「文字化けは日本語だけでなく、同じアルファベットを使うフランス語、ドイツ語でも発生するんだ」

2001年6月。当時、英国ブリストルにあったヒューレット・パッカード(HP)のオフィスで、筆者(宮森)は頭を抱えていました。中小企業を対象としたeメールマーケティングのプロジェクトマネジャーとして、米国で開発され成功したプログラムを欧州と東南アジアに展開するのが仕事でした。

プリンタの様々な使い方を提案するとともに、

「インクの換え時ではないですか?」

「PCもお買い得」

といったメッセージを、プリンタ本体の購入日に合わせて自動的にカスタマイズ配信し、インクトナー、カートリッジのリピートオーダーを効率的に取ることを目的にしたプロジェクトでした。


立ち上げ前には、各国の担当者を英国に招いて会議を開催。

すでにプログラムを成功させている米国担当者は自信たっぷりに、「エンジンは完璧だし、実績もあるから、安心して導入してほしい」と言いました。

しかし、各国担当者からは様々な疑問や質問が噴出し、会議は延々と続くように思えました。

最後は、プロジェクトの最終責任者であった英国人マネジャーによる
「多言語化対応のチェックもしているから、とにかくやってみよう」

の一言で、フランス、ドイツ、シンガポールへの3ヵ国同時導入が決定しました。

ところが、立ち上げは失敗に終わりました。カスタマイズメールを設定するのに必要な顧客データが期限までに提出されなかったので、計画されていた事前テストを十分に行うことができなかったのです。

筆者は上司に不安を伝えましたが、予定どおりに立ち上げることが選択され、いざ蓋をあけてみると、配信されたメールは、文字化けの嵐でした。

2バイト言語である中国語はもちろん、アルファベットを使うものの、アクサンやウムラートなど、英語にない記号が頻発するフランス語やドイツ語も、見事に文字化けしていたのです。

早速、各国の担当者から電話がかかってきました。

「あの会議のとき、フランスでどんなエラーが起こるのか、ありとあらゆる可能性について指摘しましたよね。それなのにグローバルプログラムだからといって、強引に導入を決定したのはあなたたちですから、私に責任はありません。すぐに解決方法を提示し、問題をフィックスしてください。上司に報告するのは、解決方法が出てからにします」と、言いたいことだけを一方的に伝えて、がちゃりと電話を切ったフランスの担当者。

「すぐにエラー要因を調べて、どうしたらミスなくできるか、構造化して考えよう」と言ったのは、冷静に提案するドイツの担当者。

「このプログラムは私の上司も承認したものだし、最初のエンジンにバグが出るのは当たり前だって上司も言っていたから、気にしないで。後は上司と直接話してくれる？」慰めてはくれても、どこか他人事のシンガポールの同僚。

英国人の上司、米国人の担当者はともに、「技術的な問題があったのなら修正すればいい。各国の担当者とそれぞれ話し合って、状況に応じて解決策を見出していこう」とは言うものの、各国別に対応は違うし、筆者はどうしたらよいかわからず、途方にくれたことを思い出します。

ビジネス上で起こる問題には組織構造と人間関係の両面が絡んでおり、問題への対応は、関わる人たちがどんな国民文化の心のプログラムを受けているかによって変わってきます。

組織をつくり、運営する際に最初に考えなければいけないのは、

**①誰が何を決定する権力を持つのか**

**②希望する目標を達成するために従わねばならない規則や手続きは何か**[1]

1　『多文化世界［原書第3版］』（G.ホフステード・G.J.ホフステード・M.ミンコフ著、岩井八郎・岩井紀子訳、有斐閣、2013年）p283上段12-14

の2点です。

第2章で紹介した国民文化の次元では、権力格差が①に影響を与え、不確実性の回避が②に影響を与えます。

この2つの次元を組み合わせると**図4-1**では、英国・米国は権力格差も不確実性の回避も低いので左下、ドイツは権力格差は低いが不確実性の回避が高いので左上、フランスは権力格差も不確実性の回避も高いので右上、シンガポールは権力格差は高いが不確実性の回避が低いので右下にそれぞれプロットされます。日本は不確実性は高いが権力格差が真ん中に位置しています。

1970年代にINSEADで教鞭をとっていた米国人のスティーヴンス教授は、国によって人々が想起する暗黙の組織モデルは国によって異なるとし、次のように名付けました。[2]

- **フランス「人間のピラミッド」**：ピラミッドの頂点に社長が

**図4-1　権力格差と不確実性との関係**

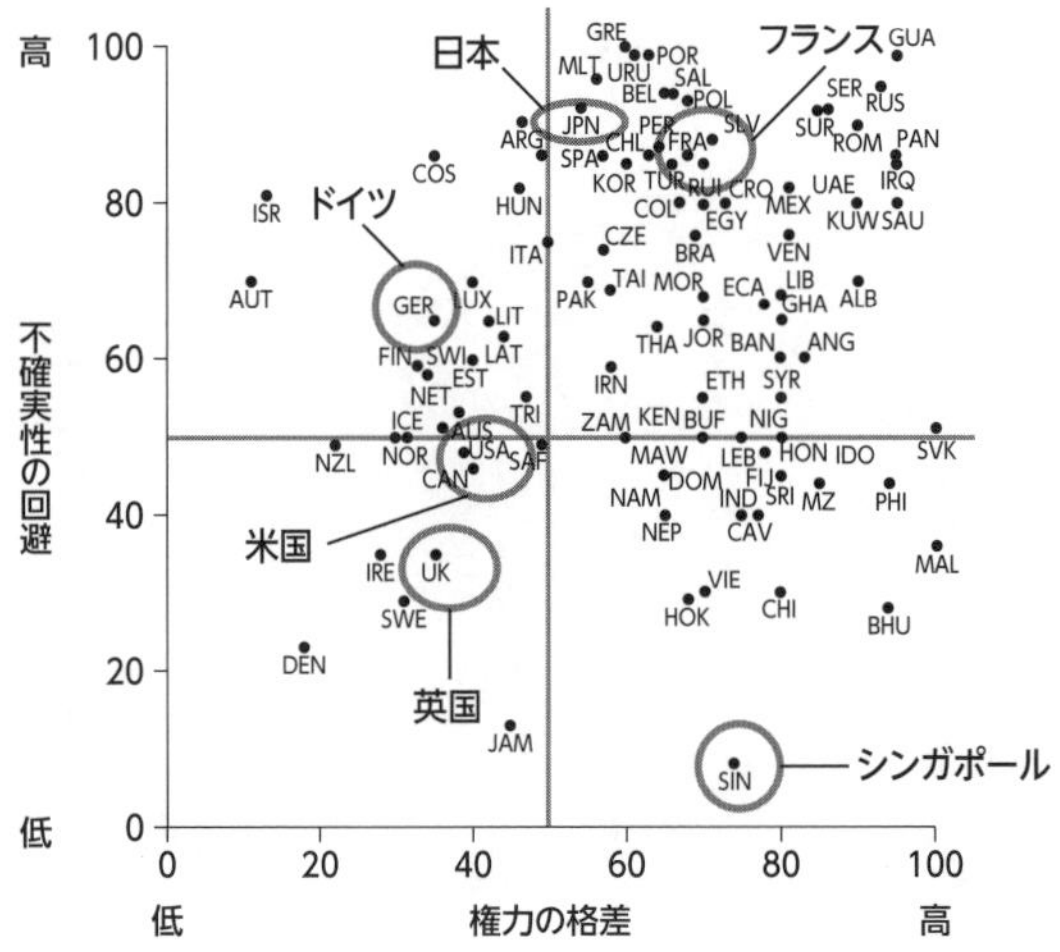

いて、その下に部、課が階層を作っている組織

- **ドイツ「油の効いた機械」**：日常的問題を規則、手続きで解決。上司の介入は限られる
- **英国「村の市場」**：階層的構造や規則でなく状況に応じて判断する
- **中国「家族」**：組織活動は構造化されず上司に権限が集中

カナダ、マギル大学経営大学院のヘンリー・ミンツバーグ記念教授は、組織活動を調整する1つのメカニズムのなかから、1つかそれ以上を利用していると述べています。[3、4]

- (インフォーマルなコミュニケーションによる) **相互調整**
- (上司による) **直接の監督**
- (仕事の内容を明確にする) **仕事のプロセスの標準化**
- (求める結果を明確にする) **アウトプットの標準化**
- (職務遂行のために必要な訓練を明確にする) **技能の標準化**

ミンツバーグ教授の調整のメカニズムを権力格差・不確実性の回避度の組み合わせ、スティーヴンス教授の組織モデルにプロットしたのが**図4-2**です。

2 『多文化世界［原書第3版］』(G.ホフステード・G.J.ホフステード・M.ミンコフ著、岩井八郎・岩井紀子訳、有斐閣、2013年) p283-286
3 Mintzberg, H. (1983) Structure in Fivers : Designing Effective Organizations. Englewood Cliffs, NJ ; Prentice-Hall
4 『多文化世界［原書第3版］』(G.ホフステード・G.J.ホフステード・M.ミンコフ著、岩井八郎・岩井紀子訳、有斐閣、2013年) p292上段18-下段3

ｅメールマーケティング導入初日に起きた問題に対し、各国の担当者が示した反応をここにプロットしてみると、一致することがわかります。

- フランス人は徹底的に自分の責任でないことを強調し、解決策が出てから上司に報告しようとした。ＨＰのようなマトリクス組織では自分の上司ではなく、グローバル組織による力が強いことにも苛立ちを示していた。
- ドイツ人はミスの要因を調べ、構造化することで解決しようとした。
- シンガポール人は、自分の上司が承認して導入したプログラムだから、ミスがあっても問題ないけれど、解決は上司と直接話してほしい、という意識を持っていた。
- 米国人と英国人は、それぞれの担当者と直接話して相互調整するように、という指示を出した。

**図 4-2　権力格差と不確実性は組織運営に関連する**

引用元：The 7 Mental Images of National Culture: Leading and Managing in a Globalized World by Huib Wursten.

国民文化の心のプログラムが作り出す暗黙の組織モデルが、職場での問題解決の対応に影響を与えています。

## 6つのメンタルイメージ（文化圏）

暗黙の組織モデルは、「ホフステードの6次元モデル」をより戦略的・実践的にビジネスに活かすための、出発点です。

しかし、「直接監督と標準化」が必要な国々には、アフリカ諸国、中東諸国、中南米諸国、ロシア、韓国、タイなども含まれます。こうした国々は集団主義で、個人主義の強いフランスとは明らかに異なる社会です。

「相互調整」が機能する国には、アングロサクソン諸国（男性性）と北欧諸国（女性性）が含まれ、仕事への考え方やモチベーションに大きな違いがあります。

そこで、「ホフステードの6次元モデル」を用いた経営コンサルティングで30年以上の豊富な経験を持つ筆者の同僚、ハブ・ヴルステンは、右上と左下の国々をさらに2つに分類し、世界を6つのグループ（文化圏）にクラスタ化し、暗黙の組織モデルを発展させ、「6つのメンタルイメージ」として整理しました。

ヴルステンは、ＩＭＦ、世界銀行、ＩＢＭ、ＪＰモルガン・チェースといった複雑なグローバル組織とともに働くなかで、「ホフステードの次元を1つずつ理解するだけでは実生活上の複雑な問題を説明できない」という状況に何度も遭遇します。組織の課題解決には、2つ、3つ、場合によっては全部の要因を組み合わせて考えなければなりません。しかし、多忙なビジネスパーソンには、対象国すべてのスコアを暗記することも、次元ごとの組み合わせによって生じる解釈の多様さを理解する時間もありません。ヴルステンが現場の視点から、文化の差異をより簡単に理解し、活用できるように生み出したツールが、「6つのメンタルイメージ」です。なお、後述するように日本はこの6つのメンタルイメージに当てはめるのが困難です。

同じメンタルイメージに属する国々には、ビジネスのうえで発生する問題、すなわち組織構造と人間関係への対応の仕方に共通点があります。

地域ではなく、国民文化の次元でクラスタ化していることも特

**図4-3　6つのメンタルイメージ（文化圏）**

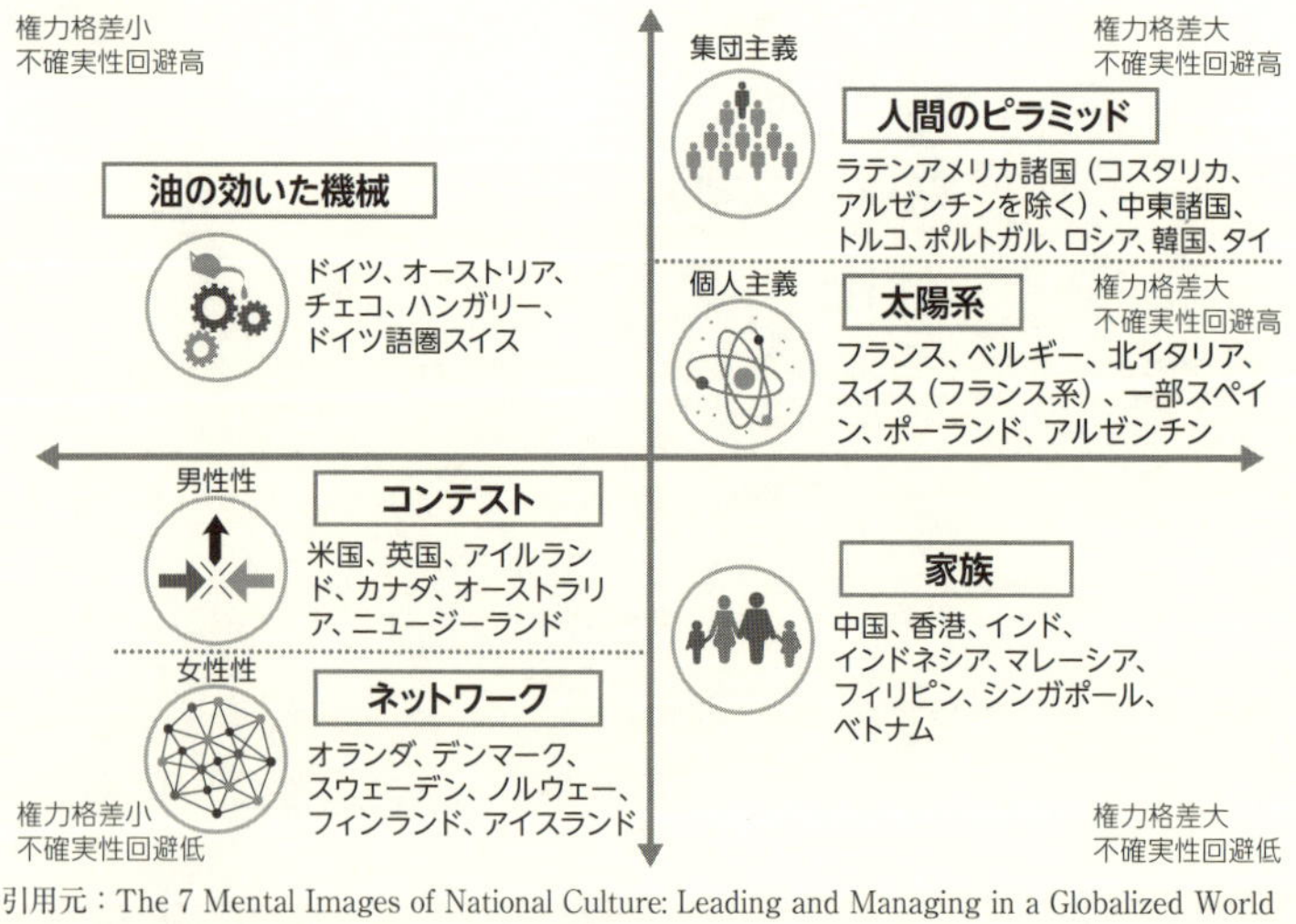


引用元：The 7 Mental Images of National Culture: Leading and Managing in a Globalized World by Huib Wursten.

徴です。例えば、中国、韓国、日本は地理的には極東アジアに位置しますが、相当に異なる国民文化を持っていますので、それぞれ別の文化圏に属しています。

**①コンテスト**（競争「勝者がすべてを手に入れる」）

競争的で権力の格差が少ないアングロサクソン諸国の文化。個人主義と男性性が強く、不確実性の回避スコアが低い。

例：米国、英国、アイルランド、カナダ、オーストラリア、ニュージーランド

**②ネットワーク**（個々人が独立しつつ、つながりあって関係している）

北欧諸国やオランダのように権力格差が低く、個人主義が強く、女性性の強い社会。全員が意思決定に関わる。

例：オランダ、デンマーク、スウェーデン、ノルウェー、フィンランド、アイスランド

**③油の効いた機械**（秩序を重視するオーガナイザー）

権力格差が小さく、個人主義で、不確実性の回避の傾向が強い。手続きや規則を重視する、階層的圧力は効かない。

例：ドイツ、オーストリア、チェコ、ハンガリー、ドイツ語圏スイス

**④人間のピラミッド**（忠誠、階層、内部秩序）

権力格差が大きく集団主義で、不確実性の回避が高い社会。家父長的で強力なリーダーの決定に部下は従う。一方プロセスの構造化も必要なので、変革には時間がかかる。

例：中南米諸国（アルゼンチン、コスタリカを除く）、アフリカ諸国、中東諸国、ポルトガル、ギリシャ、ロシア、スロバキア、南イタリア、トルコ、タイ、韓国

**⑤太陽系**（階層と個人主義のパラドックス）

権力格差が大きく不確実性が高く、個人主義。

例：フランス、ベルギー、北部イタリア、フランス語圏スイス、一部スペイン、ポーランド、アルゼンチン

**⑥家族**（階層と忠誠、フレキシビリティ）

権力格差が大きく、集団主義で、不確実性の回避が低い。家父長的で強力なリーダーの決定に部下は柔軟に従う。

例：中国、香港、シンガポール、ベトナム、インドネシア、フィリピン、マレーシア、インド

## 文化圏別リーダーの課題

買収先であるペルーの鉱業会社に財務担当者として赴任した総合商社のAさん。英国で幼少期を過ごし、米国でMBAも取得したAさんは、ペルー人社長ミゲルのマネジメントの仕方に憤っていました。ミゲルの指示は非常に限定されており、しかも信じられないほど細かいのです。どんな小さなことでも、Aさんに決断をさせてくれません。それどころか、期限で時間があるプロジェクトについても毎日、

「あれはどうなった」

とチェックを入れてきます。

米国でも日本でも、ここまで細かく管理しようとする社長をAさんは見たことがありませんでした。我慢の限界に達したAさんは、

「マイクロマネジメントは時代遅れ」

だと、ミゲルに提言しようとしましたが、周りのスタッフから止められました。

「社長の指示は明確で、私たちにとっては非常に仕事がしやすい」

その会社でミゲルのやり方を不快に感じていたのは、Aさんただ一人だったのです。

ペルーは「人間のピラミッド」文化圏ですが、Aさんの慣れ親しんできたマネジメント理論は「コンテスト」文化圏の生まれです。

世界中の経営学、心理学の理論のほとんどが、権力格差が小さく、不確実性が高い個人主義の社会で誕生している、という事実があります。

しかし、「人間のピラミッド」「太陽系」の社会では、こうした資質やスキルが通用しないことが多くあります。

仕事に問題はつきものですし、文化的背景の異なる人と仕事をすれば、なおさらです。問題解決のためには、リーダーは早急にその原因に文化的要因がどこまで影響しているかを把握し対処す

**図 4-4　文化圏別リーダーの課題**

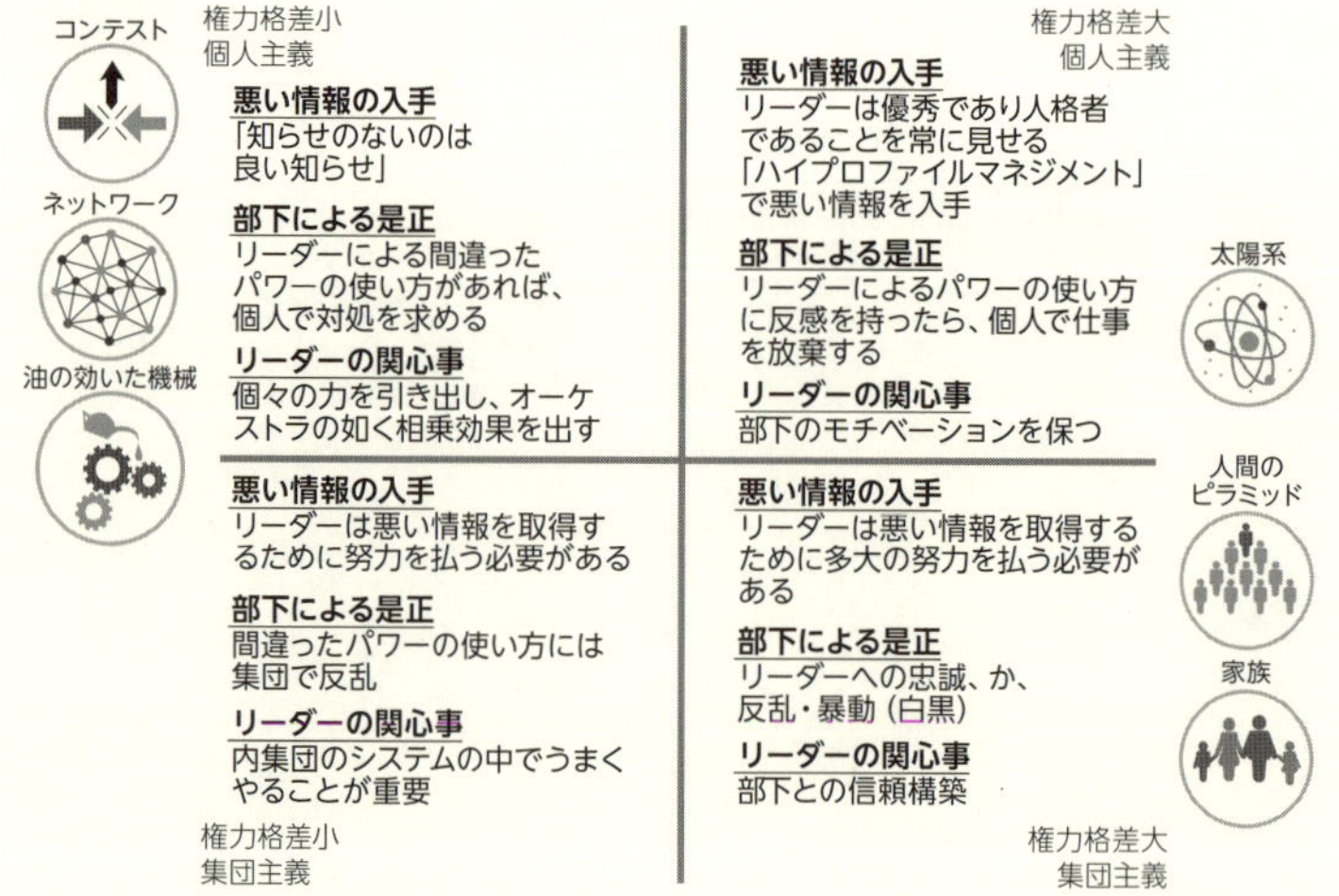

コンテスト
ネットワーク
油の効いた機械
権力格差小
個人主義
悪い情報の入手
「知らせのないのは良い知らせ」
部下による是正
リーダーによる間違ったパワーの使い方があれば、個人で対処を求める
リーダーの関心事
個々の力を引き出し、オーケストラの如く相乗効果を出す
権力格差大
個人主義
悪い情報の入手
リーダーは優秀であり人格者であることを常に見せる「ハイプロファイルマネジメント」で悪い情報を入手
部下による是正
リーダーによるパワーの使い方に反感を持ったら、個人で仕事を放棄する
リーダーの関心事
部下のモチベーションを保つ
太陽系
悪い情報の入手
リーダーは悪い情報を取得するために努力を払う必要がある
部下による是正
間違ったパワーの使い方には集団で反乱
リーダーの関心事
内集団のシステムの中でうまくやることが重要
権力格差小
集団主義
悪い情報の入手
リーダーは悪い情報を取得するために多大の努力を払う必要がある
部下による是正
リーダーへの忠誠、か、反乱・暴動（白黒）
リーダーの関心事
部下との信頼構築
人間のピラミッド
家族
権力格差大
集団主義

引用元：The 7 Mental Images of National Culture: Leading and Managing in a Globalized World by Huib Wursten.

ることが必要です。

## ◎権力格差が小さく、個人主義の社会

「コンテスト」「ネットワーク」「油の効いた機械」の文化圏では、〝No News Is Good News（便りのないのは良い便り）〟が基本。問題が起これば、上司や部下、職場の同僚が、個々の力を相互調整しながら解決していきます。そのためには、チームのメンバーは自立している必要がありますし、リーダーには一人ひとりの力を活かしながら、オーケストラの指揮者のようにまとめていく力が必要です。

権威ではなく影響力でのマネジメントが求められるので、日本でもトレンドの自立型人財の育成、クリエイティブリーダーシップ、協働、気づかせるリーダーシップが効果的ですので、読者の皆さんにも馴染み深いでしょう。

## ◎権力格差が大きく、集団主義の社会

「人間のピラミッド」「家族」におけるリーダーは、パワーを持っています。パワーのない部下が上司に期待するのは、面倒をみてもらうことです（必ずしも優しく扱われたい、という意味ではありません。あくまでも生きていくうえでの面倒をみてほしい、という意

味です）。

そのためには、部下は上司に服従します。ノーと言えない部下が、上司に悪い情報を上げるには非常に大きな抵抗を感じますので、上司が問題を把握したときにはすでに手遅れ、となります。

これを防ぐには、上司と部下の関係性は不平等であるという枠組みのなかで、部下から情報を入手しなければなりません。悪い情報を出しても責められないと、理解してもらうことが必要です。

それには長い時間をかけて、部下の信頼と尊敬を得る必要があります。面倒くさい、問題になりそうな情報を拾い上げるシステムやプロセスを導入すれば、と考えがちですが、それだけでは不十分です。

筆者たちが行う研修でも、日本で受けたトレーニングや知識に忠実に、中国や東南アジアでマネジメントをされた結果、「部下が自立していない」「部下の仕事に積極性がない」との声を聞きますが、リーダーシップはフォロワーがいてはじめて成り立つものですから、どんなリーダーシップが効果的か、一度考えてみる必要があるのではないでしょうか。

## 6つのメンタルイメージの「型」を知る

リーダーシップだけでなく、会議、意思決定、権限委譲、フィードバック。母国語でもなかなか難しいのに、文化を超えると、瞬く間に暗闇（Lost in translation）の世界に入ってしまいます。

そんなときはつい、英語に自信がないと語学力のせいにしがちです。あるいは、クリティカルシンキングを身につけたビジネスパーソンは、もっと論理的に話せばうまくいく、と考えるかもしれません。

しかし、世界は論理だけでは動いていません。世界の大部分はそこに住む人々の感情で動いています。

相手の文化圏のマインドセットを理解し、「型」を予習しておくことで、私たちは「知らなかった」ことからくるストレスを大幅に減らせます。ストレスが減れば、心に余裕を持って冷静にその場で起きた事象に対応することができるでしょう。

それどころか、相手がどんなアプローチでくるのか、いくつかのパターンを予測することも可能になってきます。

もちろん国民文化はその国の社会の傾向を表すだけで個人の特徴を教えてくれるものではありません。最終的には一人ひとりの個人に向き合うことが重要です。相手を「一人の人間として大切に扱う」ためにも、彼らが住んでいる6つの文化圏における「型」を理解しておきましょう。

## メンタルイメージ① コンテスト（アングロサクソンの国々）

「人や組織に競争の自由を与えれば、より良いことが起こる」というのが、このメンタルイメージの前提です。「自由な競争環境」が何より重要であり、他人と争うのみならず自分自身とも戦う能力があってはじめて、人々は仕事にやりがいを感じることができます。

達成志向、目標設定、勝ち負け、克服、キャリア、競争の報酬のボーナス、「有望な社員」への特別なキャリアパス等がこのモデルのキーワードです。

「仕事ができると認められるかどうか」で組織内のヒエラルキーが決まるので、誰が誰に仕事を与え、誰が誰に報告をし、誰が誰を評価するのか、ということをはっきりさせなければなりません。

組織経営を行う効果的な方法は、目標設定と管理です。雇用者と従業員は仕事の内容と目標について交渉し、合意します。従業員は決まった目標を基準に業績を判断され、報酬は目標達成度合いに応じて、ボーナス、昇進などの形で与えられます。明確なインセンティブに基づいた人事評価が、従業員の労働意欲の源となります。

問題が発生したら、相互の直接的なコミュニケーションを通じて解決します。

**◎効果的なリーダーシップ**

- 専門性よりコモンセンス（良識）に優れた、決定力のあるリーダー
- チームの業績を社内に売り込む力がある
- 部下と目的（WHAT）を握ったら、やり方（HOW）は部

**図4-5 「コンテスト」の特徴**

コンテスト（競争）

↘[PDI] ↗[IDV] ↗[MAS] ↘[UAI]

米国、英国、カナダ、アイルランド、オーストラリア、ニュージーランド

Keywords

自立 / 野心 / リスクを取る

競争 / 勝利 / 自由 / 卓越している / エネルギー / 決断

No.1 / ビジョン / 新しい発想 / 規則は少なく

達成 / 成果、貢献を認める / 結果 / ターゲット

平等 / 交渉 / フェアプレイ

引用元：The 7 Mental Images of National Culture: Leading and Managing in a Globalized World by Huib Wursten.

下に任せる

● ポジティブなフィードバックとコーチングがカギ

一般的には特定の専門家であることよりも、ジェネラリストがリーダーとして好ましいと考えられています。現場のスペシャリストたちへの権限移譲を行うことが奨励されており、リーダーはビジョンを示しながらよりハイレベルの目標にコミットすることを期待されているからです。

仕事を現場に丸投げするという意味ではありません。部下たちと一度達成すべき目標数字を合意したら、公式なフィードバックの機会を持ちながら、彼らのプロジェクト進行を積極的にサポートすることが求められますし、フェアにその成果を評価することが期待されます。

よって、昇進や賃金アップの機会を与えることや、成果の上がらない部下への対処を含め、部下のモチベーションを上手に管理する必要があります。

**◎会議・意思決定**

ビジネスはゲーム。短期的な目に見えるアウトプットを獲得するために、勝利を何よりも重視します。

会議は「アクションを取るために、有意義な情報を交換する」場です。会議に参加するのは、意見を戦わせてより良いアイデアを生むためなので、参加者はアジェンダを読み、準備をします。発言の機会は全員に与えられ、参加者は自分の意見を強く、簡潔に、わかりやすく売り込みます。会議で意見を戦わせ、自分の意見が通れば自己効力感がアップします。発言しない参加者は、（大げさに言えば）無能とみなされます。

議論が紛糾したときは、リーダーがトップダウンで決断を下し、参加者はそれに従います。十分に意見を戦わすことさえできれば、「良い会議だった」とあっさり終了します。勝ち負けにはこだわらず、会議で割り振られたアクションを取ります。会議の時間は、短いほど、ベターです。一度決まった決断でも、さらに良い方向があれば変更になることもあります。

**次の会議に向けての作戦**

- 参加者のアクション志向を尊重しましょう
- 参加者の期待値を裏切らないようにしましょう。もしこの会議で結論が出ないなら次は、いつ、どのように決断するのかをクリアにしましょう

- 会議の後に必ずアクションリストを作成し、参加者に割り振ります。参加者一人ひとりにアカウンタビリティを与えましょう
- 事実、数字が重要
- ときには誇張した表現を使い、実際より良く見せることも有効

### ◎落とし穴

世界中の大学やビジネススクールで教えている経営理論は、主にアングロサクソンの学者が考え出したものであり、コンテスト型文化圏では機能します。しかし、それがどこの国でも通用する普遍的な価値観だと思い込んでしまうという落とし穴があります。他国で生まれた理論を導入するには、それぞれの国の特性を踏まえたソフトウェアの導入が必要です。

ロシアが市場の自由化を行い、西側企業が買収したロシア支社にＭＢＯ（目標管理制度）を導入しようとしたときのことです。家父長型、独裁型のリーダーシップを求めるロシア人のミドルマネジャーは、部下全員にそれぞれの年間ゴールを書かせるのは無茶だと、非常に抵抗したそうです。

国ごとの文化は一種のＯＳ（オペレーティングシステム）ですから、他の文化圏で誕生したマネジメント理論をすべての人類に通用する普遍的な一般理論と捉えるのはかなり無理があります。

目標管理（ＭＢＯ）、成果報酬制度、キャリア重視の組織運用、経営幹部候補への特別なキャリアパスの用意など、よく知られる制度が日本でも組織に導入されるようになりましたが、それらがすべて機能しているわけではないことは冒頭でも述べたとおりです。組織の規範に従うのは人の常ですが、働く人たちがそれを望み、その価値を心底喜んで認めるかどうかは、国の文化によるところもあります。

## メンタルイメージ② ネットワーク（スカンディナヴィア諸国、オランダ）

不平等をなくすべきという権力格差の小ささ、個人主義で重視される「権利と義務」に加え、勝者と敗者が異なる待遇を受ける世の中を拒む女性性の価値観が、人間の平等を徹底的に重視します。

勝敗は時の運なので、「勝者」として振る舞うことは、一般的に歓迎されません。もしそんな態度をとれば、いけ好かない奴だと非難の対象になるでしょう。

ネットワーク型の政治モデルは、４Ｃとして知られています。

**１）意見の一致**（Consensus seeking）

**２）連立政権**（Coalition governments）

**３）（階級のない）対等な政治**（Collegial administration）

**４）（政敵さえも推挙する）選出**（Co-optation）

自分の脅威となるアイデアやグループに対して、政治家は相手を自分側に巻き込み、その相手のアイデアの一部を採用することによって、対立を中立化する手法を取ります。オランダではこれを「干拓地戦略」と呼びます。

弱者保護の仕組み（セーフティネットワーク）が組み込まれた自由競争が、経済活動の基盤です。この仕組みの維持を目的にした財源の再分配に対し、国民は反対しません。危機が生じたときには、雇用者や労働組合など、すべての利害関係者の意見を一致させる道が模索される傾向があります。

過剰なまでに平等を重視する価値観は、組織運営、働きがいの創出、リーダーシップのあり方に、大きな影響を与えます。この文化圏の働きがいの最大の源は「人と協力しながら、自分の裁量で仕事ができること」です。

オランダ有数の金融機関であるラボバンクは、顧客フォーカスを実現するために、〝Rabo Unplugged（人とのコミュニケーションを大切にするラボバンク）〟というコンセプトの働き方を導入しました。顧客のあらゆるニーズにより適切に応えると同時に、従業員にさらなる自由と責任を与えるプログラムです。従業員は仕事をどこで、誰と実行するかは自由に選択できますが、結果には責任を持つ。それを実現するために上司は部下に対して通常でないレベルの信頼を持ち、部下は起業家精神を持って仕事にあたっています。[5]

この文化圏では「一度合意に達した決定であっても、納得がいかなければ撤回できる」という考え方が普通に受け入れられています。

彼らによれば、一度合意された決定でも環境や事情によって変更していくことのほうが自然だからです。米国企業で長く働き、仕事のうえではコンテスト型価値観にどっぷり浸っていた筆者（宮森）は、現在、ネットワーク圏出身の同僚と働く機会に恵まれていますが、これを楽しめるようになるまで、少し苦しみました。

5　Work Organisation and Innovation-Case Study：Rabobank, Netherlands, Josee Lamers, 2013, Cornell University ILR School DigitalCommons@ILR, International Publications Key Workplace Documents

### ◎効果的なリーダーシップ

- 相談型・支援型
- すべての人を平等に、公平に扱う
- 責任範囲が明確で、その範囲では自由に意思決定でき、しかもやりがいのある仕事を与えてくれるリーダー
- 同僚のような感覚で付き合える
- リーダーが決定力の発揮を期待されるのは、他に手段がなくなったときに限られる

肩書きにとらわれず、一方的に命令されることを嫌うネットワーク文化圏でリーダーに求められる資質は、あらゆるステークホルダーの利害を調整して合意形成する力です。すべての人が平等に、公平に扱われることが好ましいと考えられるので、パフォーマンスに対するインセンティブは効きません。

フィンランド生まれのスーパーセルは欧州発のテクノロジーベンチャーとしては最も成功したゲーム会社ですが、そのＣＥＯ

**図 4-6 「ネットワーク」の特徴**

**ネットワーク**

↘[PDI] ↗[IDV] ↘[MAS] ➡[UAI]

オランダ、デンマーク、スウェーデン、フィンランド、ノルウェー、アイスランド

Keywords

協力 / コンセンサス（ただし日本とは違う） / 関係

貢献 / 妥協 / コーディネーション / 同意

社会的責任 / 幸福 / 信頼性 / 倫理

博愛、善行 / 地方分権 / リスクを取る / 相互依存 / 進取の精神

引用元：The 7 Mental Images of National Culture: Leading and Managing in a Globalized World by Huib Wursten.

イッカ・パンネマンのゴールは、「世界で最も力のないCEO」になることです。究極的にはCEOの自分ではなく、チームがすべての意思決定をすることが「ドリームシナリオ」だと述べています。[6]

◎会議・意思決定

「ネットワーク」では、「全員がすべてに合意することはありえない」ことを前提に、利害関係者全員で話し合い、「合意できるところを探す」意思決定が行われます。全員一致を意味する日本の合意形成（コンセンサス）とはまったく意味が異なります。

当然、会議は全員が意思決定に参加する場です。一人ひとりの意見が尊重されているため、無理に誰かの考えや意見に同意させるのではなく、お互いの違いを容認しながらコンセンサスを見出していくことに価値があります。

アジェンダは事前に配付されます。しかし、それはあくまで「方向性を決める」もの。方向性の幅は広く、会議の内容次第で、予想もしないトピックが飛び出します。

全員に発言の機会が与えられるのは、「コンテスト」と同じです。自分の考えを率直に伝えることが認められているので、参加者の物言いは直接的です。ときにはそれが行きすぎて、攻撃的で失礼だと感じるかもしれません。

6　Why Supercell's founder wants to be the world's least powerful CEO, Sonali De RyckerMay 30, 2017
https://medium.com/accel-insights/why-supercells-founder-wants-to-be-the-world-s-least-powerful-ceo-38bf173d607c

事実と数字も重視されます。自分の意見を滔々と、いつまでも、モノローグのように述べる参加者もいます。そんなときは、（あくまでに礼儀に則って）遮ることが許されます。

意思決定は、合意形成のうえで行われます。合意に到達するまで、長い議論に付き合わなければなりませんし、あまりにも一人ひとりの意見を尊重するので、ときに過剰な分析につながることもあります。一方で、突然の思いつきも尊重されるので、間違った結論に導かれることもあります。

アクションリストも決まりますが、次の日の雑談やコーヒーブレークで新しいことが追加されたり、変更になることもあります。先に紹介したスーパーセルでも、社長出張中に目標に届かない達成しないゲームを打ち切ることをサウナで決め、結論は社長にメール報告したことがあったそうです。

**次の会議に向けての作戦**

- 参加者一人ひとりの自主性を尊重することがカギです
- こちらの関心や導きたい方向性を、参加者全員の「共有の関心」にするようにしましょう

- 「共通の（Shared）」がキーワード
- 会議の前後にコーヒーやお茶を飲みながら、同僚の意見を非公式に、積極的にチェックしましょう
- 合意形成に長い時間がかかり、しかもその決断が変更になっても、ストレスを感じないようにしましょう

## メンタルイメージ③ 油の効いた機械（ドイツ、オーストリア、スイスのドイツ語圏、ハンガリー）

権力格差が小さく、個人主義で不確実性の回避度が高い文化圏の肝は、国民の心がいつも秩序を求め、効率的に物事を進めるための仕組みを取り入れ、ヒエラルキーにかかわらず自ら決定したいと考えていることにあります。

こうした文化圏では、すべての起きうる未来を正確に予測し、事前に策定した計画によって偶然の事態にも完璧に対応できる計画が、良い計画とされます。

経済環境においては、社会秩序を保つために競争を規制する強力なルールのもとで、自由競争が採用されています。この社会で経済危機が起こったときは、リスクを避けて緊縮財政が敷かれます。

計画段階で予測できなかった出来事が起これば、すぐ関連する問題の専門家に相談しま

す。権威のある、階級や地位の高い人に相談するのではなく、「その問題を解決できる専門家」が選ばれます。

同時に、計画と管理方法の見直し・修正を行い、再び予測できない問題が生じないように備えることが重要視されます。

ドイツは、世界で初めて、被雇用者の経営参加を法制化した国です。

ドイツの企業では、取締役会を監督する監査役会が、最も重要な意思決定機関であり、そこに労働組合の代表を参加させることが法律で義務づけられています。企業の最高意思決定レベルに被雇用者が関わっており、さらに経営協議会を通じて労働条件などを共同決定しています。

例えば、フォルクスワーゲンでは経営協議会との合意で、就業時間以外はメールサーバーを停止して、スマートフォンからチェックできない仕組みを採り入れています。

**図 4-7 「油の効いた機械」の特徴**

**油の効いた機械**

↘[PDI] ↗[IDV] ↗[MAS] ↗[UAI]

ドイツ、オーストリア、チェコ、ハンガリー、ドイツ語圏スイス

**Keywords**

構造 / 予測性、予見性 / 責任 / システム / 客観性 / 手続き / 情報 / 能力 / 専門性 / 分析 / 品質 / 自立 / スペック / 時間厳守／几帳面 / 透明性 / 地方分権 / 標準化

引用元：The 7 Mental Images of National Culture: Leading and Managing in a Globalized World by Huib Wursten.

◎効果的なリーダーシップ

- その分野で実績のある専門家
- 部下の専門性を尊重し、明確に定義されたフレームワークのなかで仕事を任せるリーダー
- 部下がもし課題にぶつかったら、「知らない」とは言わず、解決に向けてシナリオを与えてくれる人

組織に所属する従業員は、自分を「組織を効率的に運営するための歯車の1つ」と捉えており、そのために自分が何をすべきかを完璧に理解しています。

同時に、自分がシステムの一部で、自分と歯車と他人の歯車が噛み合うことで組織の目的を効率的に達成できるよう、全体像を把握しようとします。

リーダーが何かを命じると、「何の目的か」「なぜ私が」と質問が返ってきます。合理的な理由で納得しないと、部下は仕事を受けません。仕事を引き受けるなら自分で完結したいと考えるので、そのために必要な裁量が与えられるよう、進め方や内容に曖昧な点が一切ないことを確認します。

こうした文化圏では、リーダーは特定分野のスペシャリストであることが求められま

す。実際に企業経営層にも博士号保持者は多く、筆者もDr.やProfessorなど、たくさんのタイトルが併記された名刺をもらったことがあります。こういったスペシャリストは周囲から尊敬され、丁重に対応されるため、一見外からは階層的に見えます。しかし、それは肩書きではなく、相手の専門性を認め尊敬している証なのです。

### ◎会議・意思決定

会議で常に議論になるのは、目的は何か、議題案件に判然たる秩序と明確なプロセスがあるか、という点です。

「情報交換・共有」の場なのか、それとも「意思決定」の場なのか。ドイツ語圏の会議は、目的がはっきりしています。まず、事前に議題案が配付されます。その議題でよいかどうか、合意プロセスをどうするかについての合意形成が行われます（日本人はここで、びっくりするかもしれません）。議題が決定したら、それに向け相当な準備をします。

もちろん、全員発言が鉄則です。会議に必要ない人は招待されませんし、参加する必要もありません。階層に関係なく率直に討議され、会議時間内に結論が出ない場合もリーダーが意思決定することはありません。次の会議を設け、できるだけ権力を集中させずに、時間をかけて合意形成が行われます。問題を事前に確認しておきたいので、発言がネガティブに聞こえることがあります。完璧な決断を目指すので、一度意思決定が行われると、その実行はスムーズです。決まった決断は簡単には覆しません。

会議の議事録はその日のうちにまとめられ、関係する人全員に共有されます。議事録の目的は、出席ができなかった人もそれを見れば内容がわかるようにすることです。日本企業のように新入社員の仕事ではなく、責任のある人がまとめることもあります。

開始時間と終了時間、また意思決定の方法（多数決、コンセンサス、上長決定）など、会議進行のルール、プロセスも、しっかり事前に合意されています。会議の場でのジョークはあまり歓迎されません。

**次の会議に向けての作戦**

- 会議のアジェンダを事前に参加者に配付し、合意を取りましょう
- 会議の開始・終了時間、プロセス、ルールを尊重しましょう
- 会議を主催する場合は、事前のアジェンダには議題に加えて、会議進行や意思決定のルールを入れておきましょう
- 事実をベースに裏付けられた発言をしましょう
- 出席者としてふさわしい専門性や情報を持って貢献できるよう、事前の準備を怠らな

いようにしましょう

- 全員を意思決定プロセスに参加させましょう

## メンタルイメージ④　人間のピラミッド（ラテン・アメリカ諸国、中東諸国、ポルトガル、ロシアなど一部ヨーロッパの国、韓国、タイなどアジアの一部が含まれ、属する国の数が最も多い）

大きな権力格差と集団主義、そして不確実性の回避の高さ。誰もが階層の存在を当然のものとして認め、意思決定、指示命令はトップダウン方式で行われます。

人間のピラミッドの国の組織は、中央集権化する傾向があり、異なる階層間のコミュニケーションは、フォーマルな形式を取ります。オフィシャルな場以外で気軽な会話が交わされることはほとんどありません。階層の低い人たちは上司に命じられたことしかできないことになっており、指示命令にないことが起きたら、階層の上位まで戻って指示を仰がなければなりません。

組織が決定した戦略、施策の評価も、上位層の人たちが行った決定を下位層の人たちがしっかり履行しているかどうか、調査する方法が好まれます。

昇進は、能力に応じて決められるのではなく、組織への忠誠心に対する報酬として与えられる場合が多く、一般的に縁故主義採用が根づいている社会でもあります。

ビジネスの場では、代表者が名家や政治家などの特権階級に属していることも多く、強い影響力を持っています。国家に経済危機が起こったときには緊縮財政を敷き、権力者の利益を守ろうとします。

### ◎効果的なリーダーシップ

- 畏怖の念を抱かせる、家父長的リーダー
- 社内外に強い影響力とネットワークを持つ
- 明確な指示を出し、それが実行されているかどうか定期的にチェックする
- 厳格ななかにも愛情を持ち、部下の仕事もプライベートな幸せも自分の責任だと考えて面倒をみる

ロシアの研究家として名高いオックスフォード大学のアーチー・ブラウン教授によれば、ロシアでは共産主義から西欧型民主主義への移行を推進したゴルバチョフより、残酷でも強いリー

**図 4-8 「人間のピラミッド」の特徴**

**人間のピラミッド**

↗[PDI]　↘[IDV]　→[MAS]　↗[UAI]

中南米(アルゼンチン、コスタリカを除く)、アフリカ諸国、中東諸国、ポルトガル、ギリシャ、ロシア、スロバキア、南イタリア、トルコ、タイ、韓国

**Keywords**

ヒエラルキー / プロセス / 中央集権 / 官僚主義 / 尊敬 / 忠誠 / 明確な構造 / 検閲 / 知恵 / 形式へのこだわり / 暗黙の指示　コミュニケーション / 面子の喪失

引用元：The 7 Mental Images of National Culture: Leading and Managing in a Globalized World by Huib Wursten.

ダーであるスターリンのほうが人気があるとのことです。

ゴルバチョフはソ連の分裂を防ぐために軍を使わなかったので、弱いリーダーとみなされています。プーチン大統領も強いリーダーに徹しています。

人間のピラミッドの文化圏では、リーダーは強さと影響力を示すことが非常に重要です。決断するのはリーダーだけ。リーダーに権力が集中し、すべての責任を負います。合理的分析やデータをベースにした論理的なアプローチはあまり効果的ではありません。リーダーの信条や、社会的ネットワークのほうがより重視されます。

部下は、上からの指示と、割り当てられた権限と責任に基づいて、その決定を忠実に実行します。上司からの承認がなければ、イニシアティブを取ることはありません。リーダーは家父長のように部下やフォロワーを守る、人間として尊敬されなければならない存在です。

### ◎会議・意思決定

会議は上司による部下への「情報共有」の場です。意思決定するのは上位階層のみ、部下はその指示に従い、イニシアティブを発揮するのを躊躇します。上司はいつでも正しいため、彼らが面目を保てるよう、綿密な事前ブリーフィングを行います。会議の場で伝えられた指示に対し、参加者が理解し行動に繋げるのかどうか、非公式の場でチェックする必要があります。

**次の会議に向けての作戦**

- 相手に意見を求める場合でも、自分のなかに明確な指針を持っておきましょう
- 決められたことが実行されているか、定期的にチェックする場を作りましょう
- 公の場で個人を批判しないようにしましょう

**メンタルイメージ⑤　太陽系**（フランス、ベルギー、北部イタリア、一部スペイン）

権力格差が大きく、個人主義が強く、不確実性の回避が高い傾向にあることが特徴です。ピラミッド型の文化との主な違いは、階級制を容認する一方で個人主義を重視するというパラドックスです。

この文化圏の部下は、個々に自転しながら、太陽の引力から離れることができない太陽系の惑星のようです。フランスのマクロン大統領の元警護責任者だったベナラ氏は、「誰に向かって微笑んだのか、誰をファーストネームで呼んだのか、大統領との個人的距離ですべてが決まる」と、大統領を中心としたエリゼ宮の様子を語っていました。[7]

7　Benalla su Macron：«Tutto dipende da un suo sorriso», 26 luglio 2018, Corriere della Sera, https://www.corriere.it/esteri/18_luglio_27/benalla-macrontutto-dipende-un-suo-sorriso-63fb52e2-9113-11e8-bee6-2347460b1b21.shtml

この文化圏の指導者は家父長的であるだけでなく、非常に優秀な専門家エリートであることが求められます。例えばフランスには、グランゼコールという、実践的な高度専門職業人を養成するための高等教育機関があります。少数精鋭で未来のリーダーを育成し、その受験も、卒業するまでの過程も過酷です。グランゼコールを卒業すれば、その分野の幹部候補生として採用され、週35時間労働法は適用されず、リーダーとしてのノブレス・オブリージュ[8]を発揮します。

上司と離れることができない一方、強い個人主義とのパラドックスは、上司とともにいるときは上司に従い、一人になれば個人の信念や考えに従って勝手に行動します。

フランスでは驚くほどストライキが多いという事実も、パラドックスが遠因です。組合は産業横断型の政党色が強く、労使の関係は協調ではなくどちらかといえば対立。経営者が自主的に労働者保護の施策を打ち出すことは期待されていないので、組合は労働者権利の維持、拡大に大きな影響力を残しています。

この文化圏で仕事をする場合、一番面食らうのは議論の仕方かもしれません。まず、最初の主張や命題（正：テーゼ）が提示され、次にそれに対立主張・命題（反：アンチテーゼ）が示されます。その後、テーゼとアンチテーゼを対立させ葛藤させ、その過程で正と

8　高い地位や身分に伴う義務。ヨーロッパ社会で、貴族など高い身分の者にはそれに相応した重い責任・義務があるとする考え方（デジタル大辞林）

反を統合する、より高次元での結論（合：ジンテーゼ）が示されます。この過程は、楽しいゲームであり、反論や疑問を繰り返し、雄弁で説得力のある言葉、ボディランゲージを駆使しながら、論理を展開し、ベターな結論に達しようとします。

太陽系の人は議論や交渉をそれだけに終わらせず、それを通じて巧みに関係性を構築し、高次元の総括に落とし込むことも得意です。

２０１５年12月12日、フランス・パリで、１９６ヵ国が参加して開催されていたＣＯＰ21（国連気候変動枠組条約第21回締約国会議）は、２０２０年以降の温暖化対策の国際枠組み『パリ協定』を正式に採択しました。すべての国が温暖化対策を採る、という歴史的な国際合意の採択にこぎ着けることができた背景には、議長国フランスの巧みな采配もありました。

### ◎効果的なリーダーシップ

- 家父長的でカリスマ性がある

**図 4-9 「太陽系」の特徴**

**太陽系**

↗[PDI] ↗[IDV] →[MAS] ↗[UAI]

フランス、ベルギー、北部イタリア、フランス語圏スイス、一部スペイン、ポーランド、アルゼンチン

**Keywords**

ヒエラルキー / 能力 / 名誉 / 勤勉/仕事熱心 / 中央集権 / 高等教育（グランゼコール） / 権威者への尊敬 / 自己実現 / 平等と権利と義務 / 規則 / 緊張 / 非人間的官僚制度 / 我思う　ゆえに我あり / 個人主義 / 抽象的 / スタイル

引用元：The 7 Mental Images of National Culture: Leading and Managing in a Globalized World by Huib Wursten.

- 極めて知性的
- 雄弁に言葉を駆使し、明確な方向性を与える
- 部下との間に距離があるが、遠くからでも「見ている」というメッセージを与える
- ノブレス・オブリージュ

つい先ほどまで反対していたのに突然賛成に回ったり、ルールを無視した相手でも立場によって尊重してみたり、組織のヒエラルキーに敬意を払いつつも個人主義に走る、ということがたびたび起きます。この矛盾する文化圏をまとめるリーダーは、先述したグランゼコールなど、彼らの社会において皆が認める「正しい」最高学歴を持っています。

そのスタイルはときに家父長的であり、カリスマ性があります。雄弁で饒舌、聞き上手でもあり、現場の状況を理解してから決断を下し、すばやく実践する。自らの事業については驚くほど細かい内容まで熟知し、明確な判断をするため、日頃から社内・社外を問わず情報を取り、勉強を怠らない。トップリーダーとスタッフの間には大きなミドルマネジャー層が存在し、組織のルールやプロセスを管理しています。例えばトップリーダーが工場を視察すると、製造ラインの班長と必ず握手をし、目を合わせます。激励する一方で、「仕事ぶりをきっちり見ている」というメッセージを送るのです。外から見るとまっ

たく非効率に見えるのですが、太陽系の組織にとっては信頼できるオペレーションです。

### ◎会議・意思決定

会議は上司による部下への「情報共有」の場であると同時に、部下からの質問に明確に答える場。事前のアジェンダや資料が用意されないことも珍しくありません。

上司はアイデアや戦略を明確に、知性的な言葉と表現を駆使し、雄弁に提示します。部下は様々な質問を投げかけ、それぞれが持っている知識や情報を駆使し、とにかく誰かが話し続けます。「広げて引き出す」思考の演繹法で考えるため、大前提を広げて、そこから四方八方へと議論が散っていきます。

「そういうことであれば、あの件はこう判断していいのでは？」というふうに推論が広がっていくため、話がそれてばかりで会議がカオスになり、結論がはっきりしないこともあります。

**次の会議に向けての作戦**

- 演繹法、全体像を提示してからディテイルに入る準備をしましょう

● 話題がそれても、結論がでなくても忍耐

## メンタルイメージ⑥ 家族（中国、華僑の影響を受けた東南アジアの国々とインド）

権力格差が大きく、集団主義、不確実性の回避が弱い文化圏で、上司と部下の関係の多くが家族的なコンテクストを持っています。家父長的なパワーを持ったリーダーの決定に従い、変化には柔軟です。「誰の知り合いか」ということが影響力を持つ社会で、定期的に駐在員が交代してしまう企業との付き合いよりも、特定のオーナーが長期間トップの座にいる企業との付き合いを優先させるということはよくある話です。

クレディ・スイスのAsian Family Business Report 2011[9]によると、5000万米ドル以上の時価総額を持つファミリー企業の割合は、インドで67%。フィリピン、シンガポール、マレーシア、インドネシア、香港は実に60%以上に上ります。

中国は政府の規制があるので13%と低い数字ですが、中国の起業家は会社の運営と同時に国を動かすことにも長けています。人財や政府とのコネ、資本調達から従業員の子どもを通わせる学校に至るまで、独自の生態系を作り上げなければならないと考えています。組織内の従業員を家族とみなす文化があり、それゆえに従業員に多くを求める傾向もあり

9　Credit Suisse：Asian Family Businesses Report 2011, September 5th, 2015
https://businessfamilies.org/en/2015/09/05/credit-suisse-asian-family-businesses-report-2011/

ます。[10]

インドでも、インフォシス・テクノロジーズのナラヤナ・ムルティ会長は、「インドのビジネスリーダーは企業に、家族のような気持ちや親密な気持ちをもたらす。言い換えると、従業員に対してずっと家族的に関わっている」[11]と述べています。

中国のビジネスリーダーはトップダウンの意思決定を行います。その場その場で決断し、状況に合わせてどんどん適応していきます。トップレベルでの成長を目指しているので、急速な拡大にも耐えられる組織構造を好み、商品開発にも迅速でスピーディなアプローチを取ります。

インドでは「ジュガード」という「適応」、すなわち「資源が不足していてもどうにかやりくりする」「斬新な工夫による応急処置」を意味する独特なコンセプトがあります。

これは、1980年代にインドのパンジャーブ州の村人たちが、公共の交通手段が周辺地域にないという問題を解決するために、鉄製の骨格に古いジープの部品と車輪と灌漑用ディーゼルポンプをつけた安価な車を作り、それを「ジュガード」（jugaad＝ヒンディー語で車を意味する）と呼んだことを起源とします。インドでは各地方でいろいろな意味で

10　『DIAMOND ハーバード・ビジネス・レビュー』2015年5月号「激動の環境を生き抜いてきた中国企業のしたたかなマネジメントに学べ」トーマス・ハウト／デイビッド・マイケル著、裏地良子訳

11　『インド・ウェイ 飛躍の経営』（ジテンドラ・シン／ピーター・カペッリ／ハビール・シン／マイケル・ユシーム著、太田正孝監訳、早稲田大学アジア・サービス・ビジネス研究所訳、英治出版、2011年）p107

使われますが、ビジネスの混乱や障壁をジュガードの精神、つまり創造的適応で乗り越えています。

### ◎効果的なリーダーシップ

- 畏怖の念を抱かせる、家父長的リーダー
- 明確な指示を出し、監督し、アドバイスし、それが実行されているかどうか定期的にチェックする
- 一人ひとりの能力に応じて具体的な目標を与え、責任範囲を明確にし、そのなかでできるかぎりの権限を与える
- ときにはプレッシャーを与えて牽引する
- 厳格ななかにも愛情を持ち、部下の仕事もプライベートな幸せも自分の責任だと考え面倒をみる

近年米国、欧州のビジネススクールに留学する中国、インドの学生は爆発的に増えています。しかし、西洋の影響を受けてはいても、この文化圏のリーダーは家父長です。上司には、優れた人

**図 4-10** 「家族」の特徴

**家族**

↗[PDI] ↘[IDV] →[MAS] ↘[UAI]

中国、香港、シンガポール、ベトナム、インドネシア、フィリピン、マレーシア、インド

**Keywords**

忠誠 / 調和 / 規則は少なく / 面子を失う / ヒエラルキー / 父母のようなリーダー / 幸福 / 間接的、暗黙のコミュニケーション / 信頼 / 単純構造 / 柔軟 / 部下から可視できる上司の視察 / 長期にわたる関係 / 非言語のサイン

引用元：The 7 Mental Images of National Culture: Leading and Managing in a Globalized World by Huib Wursten.

格者が求められ、部下自身やその家族に関心を持っていることを態度で示すことは非常に重要です。

面子が重視されるため、人の面前で叱ると面子を潰されたことになり、非常にダメージが大きくなります。

**◎会議・意思決定**

会議は上司による部下への「情報共有」の場です。はじめに階層の高い人からの挨拶があり、それが延々と続くこともあります。

内容や、何かを決めるために議論するのではなく、その件には誰が関係するのかを確認するほうが重要なこともあります。出席者の人間関係構築のほうが、会議のトピックよりも優先されることもあります。

企業同士の会議の場合、誰が参加するのかというのは重要なトピックであるため、事前に同等の肩書きの人間を巻き込んで会議をすることは必須ですし、会食など会議とは別の場でお互いの人となりを知っておくことも、会議の成否に影響すると思っていたほうがよいでしょう。

**次の会議に向けての作戦**

- 立場・役職を尊重しましょう
- 物事がロジカルに決まらなくてもいちいちイライラしないようにしましょう
- 誰が意思決定者か確認しながら、命令系統を無視しないようにしましょう
- 会議中に関係のない話題になっても、気にせず粘り強く対応しましょう
- 様々な質問を投げかけ、間接的な答えからできるだけ多くの情報を把握しましょう
- 会議とは別の非公式なコミュニケーションの場を設けましょう（宴席など）

## 日本：7つめのメンタルイメージ

ここまで解説した「6つのメンタルイメージ」には日本が出てきません。それというのも、日本は6つの文化圏のどこにも属さず、1ヵ国で1つのメンタルイメージを形成する、ユニークな国だからです。

日本の文化的特徴として、次のようなことが挙げられます。

- 男性性と不確実性の回避度が世界でも際立って高いので、努力を厭わず、高い志を

持って、より良い仕事を追求する

- あらゆるトラブル、不測の事態を予測しながら、丁寧に仕事をする
- 長期志向は、他から学ぶ姿勢をもたらし、近視眼的でなく物事を関連付け俯瞰してみられるので、すり合わせて最適値を見出す
- 中庸な権力格差と集団・個人主義は、権力者に頼らず、現場、ミドルのパワーを最大限に引き出す力をもたらす

このような次元の組み合わせを持った国は、世界のどこにも存在しません。こうした日本の文化的特徴は、環境によって強みにも弱みにもなり得ます。本項では、そうした日本の文化的価値観を省察します。

グローバル人財不足が課題とされる日本では、従来のやり方を根本から変えるしか生き残る道がないような、目に見えないプレッシャーが存在しているように感じます。日本における外国人労働者が１００万人を超えた現在、技能実習生として来日した外国人の方々の労働状況の見直しを進めなければ、日本は誰も働きに行きたくない国になってしまうのではないでしょうか。実際、人工知能やロボットを活用した「第４次産業革命」

が進むなか、高度人財の確保は多くの国で課題となっていますが、スイスのビジネススクールＩＭＤが発表した２０１７年版世界人材ランキングによると、日本は高い技術力を持つ外国人への魅力度が、アジアで最下位になっています。[12]

筆者（宮森）が異文化ファシリテーションで東南アジアを訪れた際には、駐在員による英語・現地語でのマネジメントが難しいことから、日系企業は日本語人財の採用に再び力を入れはじめた、という話を聞きました。これでは自ら優秀な人財への門戸を狭めることにもなりかねません。

だからといって、日本の文化的価値観の「強み」を全否定する必要はありません。自国の価値観を客観的に理解し、それを活用することが、異文化のなかで働くときの「強み」にもなり得ます。

例えば、時間がかかりすぎる、決断が遅い、誰が責任者かわからない、として不評を買う「稟議」。別の面から見れば、現場で生まれたアイデアが関連部署で共有されるプロセスで磨き上げられ、最終承認されたときには合意形成されているので、実行は速いといえます。上手に使えば、組織間の壁を壊し、多くのステークホルダーの意見を吸い上げ、内容を磨き上げ、迅速に実践する、日本流のクリエイティブな解決策にもなります。

12　日本はアジアで最下位、高度外国人材への魅力欠く－IMD：Bloomberg 2017年11月21日 11:52 JST

# 築地市場に見る職人集団

日本の文化的価値観の組み合わせが「強み」として発揮されている場所の1つが、魚市場が豊洲に移転する前の築地です。2009年に100歳で亡くなった文化人類学の巨星、クロード・レヴィ＝ストロースは、「築地はほんとうにすばらしい所です。私には忘れられない、まったく夢のような日本の思い出です。……私にとっては、世界の博物館のすべてに匹敵します」と語っています。

なぜ、築地市場は世界でもユニークな日本的文化として海外で受け入れられたのでしょうか。

「全力を尽くせ、辛いときでも全力を尽くせ。築地は、日本の古き良き労働観を、今も失わず体現し続けている」[13]「これだけのパッション、インテンシティ（強烈さ）、長い伝統を誇り、魚だ

**図 4-11　6次元モデルにおける日本の相対的ポジション**

| | | 0　　50　　100 |
|---|---|---|
| 01 権力格差 | 54 | 「中庸：ミドルアップダウン」 |
| 02 集団主義／個人主義 | 46 | 「中庸：人間関係は『場』による」 |
| 03 女性性／男性性 | 95 | 「自らの信じる最上に向けて極める」 |
| 04 不確実性の回避 | 92 | 「枠組み：ルールや規則があることで安心する」 |
| 05 短期志向／長期志向 | 88 | 「あきらめない、不屈の精神」 |
| 06 人生の楽しみ方 | 44 | 「中庸：お楽しみは仕事の後で」 |

けではなく、魚に伴う情報をやり取りする。商品知識だけでなく、食べごろまでチェックする。『世界唯一の場所』だ」

築地市場を30年以上にわたって研究していた、ハーバード大学ライシャワー研究所長で文化人類学者のテオドル・ベスター教授の言葉です。

ベスター教授は日本の雑誌の取材で、こうも述べています。

「築地市場は日本人の素晴らしさを象徴している場所だと思います。日本には、専門的な知識を持っていて、なおかつ、勤勉な国民がいる。それは築地市場を見れば明らかです。彼らは毎日、本当に一生懸命働いていますし、魚について驚くほどの知識を持っています。」「さらに、築地市場が象徴しているのは、日本人がいかに優れた社会的環境をつくりあげてきたか、という点です。築地市場は、そこに集うすべての人々の協力で成り立っています。もちろんお互い競合相手ではあるのですが、その中でも『協力すべきところは協力する』という体制が自然にできあがっているのです。[14]」

築地では、皆がライバルで、競い合っています。その一方で、皆が協力して、築地という優れた社会的環境を現場で築きあげています。これは、権力格差と集団―個人主義のスコアが中庸な日本だからこそ、可能なシステムといえます。

13　映画「築地ワンダーランド」（2016年遠藤尚太郎監督）テオドル・ベスター教授のインタビューより

14　「築地市場こそ日本の象徴」ハーバード大教授が激賞する理由　テオドル・ベスター教授に聞く　ダイヤモンド・オンライン
https://diamond.jp/articles/-/144890?page=4

仕事は人生にとって重要な要素なので、働くために生きる。最高を目指すために極める。日本の特徴である、男性性の高さ。築地はそれを体現しています。

## 男性性と不確実性の回避の高さの組み合わせ

男性性が高く、不確実性の回避度が高い国として、日本は突出しています。この組み合わせには、次のような特徴があります。

- さらに上を目指す
- 一生懸命働こうとする内面的欲求がある
- ワークライフバランスの実現が難しい

男性性と不確実性の回避の高さは、逃げ場のない厳しい競争環境に置かれると、ピンチをチャンスに変えるような潜在能力を発揮することにも繋がります。

例えば、二度のオイルショックのとき、日本は省エネ技術の研究開発を積極的に進め、石油の使用量の削減を推し進めました。その結果、世界で最も優れた環境技術と省エネ技術を創造することになりました。

１９８５（昭和60）年の「プラザ合意」による急激な円高局面では、円高を逆手にとって、対外投資を大幅に拡大しました。これにより、大量の生産能力を海外に移転し、貿易摩擦の解消と現地国での国産化を進め、日本ブランドの認識を変えました。日本はハイテク・高付加価値製造業へのモデルチェンジを実現、構造転換を実現しました。[15]

## 日本のイノベーション課題の是非

ＩＭＤの国際競争力ランキングや、ＩＮＳＥＡＤのグローバル・イノベーション・インデックス、世界経済フォーラムが公表する世界競争力ランキングは、いずれも日本のポジションが話題になります。それぞれのランキングが何を基準にしているかが違うので、注意が必要です。例えば、日本の不確実性の回避の高さは、ＩＭＤランキングの評価基準には適合しないものばかりで

図 4-12 男性性と高い不確実性の回避度は何を意味するか

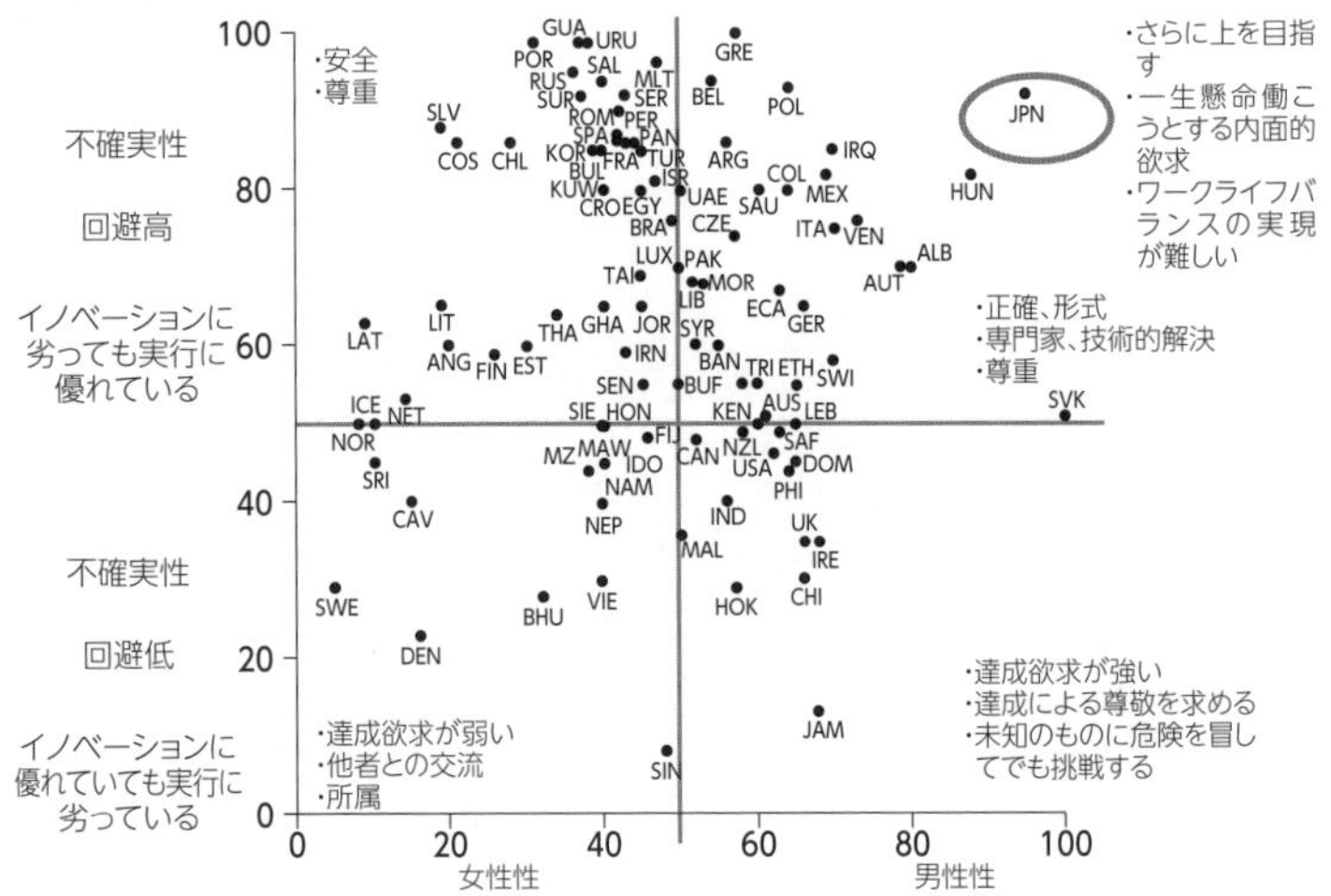

す。日本ではイノベーションが起こりにくい、という話題もよく耳にします。

しかし、日本では本当に、イノベーションが起こりにくいのでしょうか。

ホフステード博士は、イノベーションには複数の面があると述べています。

確かに、不確実性の回避度が低い文化は、根本的なイノベーションに優れています。しかし、根本的なイノベーションを新たな製品やサービスにまで発展させるプロセスを実行するには、かなりの正確さと規則正しさが必要になります。これは、不確実性の回避が高い文化の強みでもあります。「イギリスには日本より多くのノーベル賞受賞者がいるが、日本はイギリスよりも多くの新製品を世界にもたらした。これは、革新を生む文化がアイデアを供給し、その実行に適した文化がそれをさらに発展させるという相乗効果のよい例である[16]」と紹介しています。

## 強みは弱みにもなる

しかし、強みは弱みにもなります。

計画段階で綿密に検討し、関係者の合意を形成するプロセスやゼロディフェクト（不良ゼロ）を目指すプロセスなどは、うまく機能しなければ日本企業のチャレンジにもなりま

15 「過去50年の中小企業白書を振り返って」
https://www.chusho.meti.go.jp/pamflet/hakusyo/H25/h25/html/b3_1.html
16 『多文化世界［原書第3版］』（G.ホフステード・G.J.ホフステード・M.ミンコフ著、岩井八郎・岩井紀子訳、有斐閣、2013年）p195上段13-17

す。

例えば、スピードの遅さや前例主義などです。「ＰＤＣＡ」という枠組みに気が取られて、本質を見極める力が削がれてしまったり、速いスピードで回すことに気を取られ、本来のＰＤＣＡが持っている正しいプロセスが生かせず形骸化してしまったりする場合があります。

また、スピードの遅さにイライラした上層部が、現場で働く人々の意見を取り入れずに、現場から離れたところで間違った判断をしてしまうこともあります。

日本の文化的価値観を「強み」としてレバレッジできれば、世界に大きな貢献をすることができるのではないでしょうか。

コラム 4

# イノベーションが起きない組織の仕組み

あるスタートアップ（起業家）が伝統的な日本の大企業に渾身のプレゼンテーションをした後の会話を以下に記します。

大企業：「非常に面白い提案でした」
起業家：「ありがとうございます。私たちも御社に比べれば信用力も経営リソースもありませんが、最先端のテクノロジーを持っている自負があります」
大企業：「素晴らしいですね」
起業家：「では次のステップのお話を…」
大企業：「ちなみに過去の導入実績はどうなんですか？（きっと隣の部署に茶々入れられるはずだから聞いておかなきゃ）」
起業家：「いや、これは最新のテクノロジーですので、御社が初めてのお客様になります（誰よりも先に最新の技術を取り入れられることを喜ぶはず）」
大企業：「え？　まだ誰も使ってないの？　私たちが実験台になるということ？（社内で説明できなくてまた怒られるよ…失敗したらほれ見たことかと言われるに決まってる）」

起業家：「あ…いや、そういうつもりでは…（最新の技術で他社との差をつけられるチャンスなのに…）」

これは、日本のように不確実性の回避が高い組織において、オープンイノベーションを進めているときによく起きる話です。常にリスクヘッジのために過去事例や実績を求める企業担当者。彼らは決して悪気があってこのような態度をとっているわけではありません。社内の仕組みや慣習が、そのようにできあがってしまっているのです。

第2章で紹介した日本的ミドルアップダウンという承認プロセスは既存のオペレーションを回す分には効率的ですが、既存の体制に影響を与えかねないイノベーションに対しては自然とストップをかけるように働いてしまいます。ここには構造的にトップダウンが取れない日本企業の弱みがあります（創業者や創業ファミリーがトップの企業は例外です）。

一方、不確実性の回避が低いアメリカのような国はどうでしょうか。

２０１８年９月の報道によると、人財採用ＡＩの米国企業マイア・システムズが展開する人財採用人工知能「Ｍｙａ」がサービス開始後２年弱で、ロレアル、アデコ・グループ、セブンステップなどのグローバル企業が採用したそうです。

ここでのポイントは、ロレアルといったグローバル企業が同業他社よりも早くＡＩによる人財採用という新領域の技術を導入したという事実です。ここには、導入実績がある保証されたサービスを使おうという守りの姿勢はありません。おそらくですが、トップダウンによる経営判断があったか、あるいは権力格差の低さから現場への権限委譲が進んでいることからスピードのある判断が可能だったのではないかと推察されます。

こうしたプレーヤーと、私たちはグローバルで競争していかなければならないわけです。生産性向上に繋がらない社内への気遣いをしている時間はないのです。

では、我々はこの問題に対してどのように対応すればよいのでしょうか。

シンプルな解決策の1つに、新規のR&D組織を別組織化して、既存の意思決定の枠組みから外しておくやり方があります。これは既存のステークホルダーとの利害関係に振り回されないようにするためです。

また、その手のR&D組織には社内でも一級の生え抜き人財を配置する必要があるでしょう。大抵の場合、新規事業を立ち挙げたいと手をあげる人は不確実性の回避が低く、権力格差も低めの独立独歩の性格が多いため、いざというときに社内を動かすことは容易ではありません。現場とのたずなをしっかりと握りながら、独自の組織文化を作れるようなリーダーシップが必要です。

このように、我々は組織の文化的背景からくる弱みを知ったうえで、それを無理に変えようとして本来の強みを失わせることをせずに、新しいチャレンジができる組織を作っていく必要があります。

　これが実現できたとき、日本企業はきっとクリエイティブな発想と緻密なオペレーションを両立させられる最強の組織になると私は信じています。

（宮林隆吉）

# 第5章

# CQを高めるための実践法

これまでに6次元モデルでCQの「知識」とメンタルイメージで実践的に使うための「戦略」について、解説してきました。

本章では、CQを個人のツールとして高めるプロセスについて、そしてCQの高い組織のあり方について解説します。

異なる文化が接触するとき、意図せざる衝突が起こるのは仕方のないことかもしれません。

しかし、6次元モデルとメンタルイメージを実装することで、対面している相手の行動が、個人のレベルの影響を受けているのか、それとも国民文化の影響を受けているのか（心のプログラムの3つのレベル：第1章44ページ参照）が理解できるようになってきます。

そして、これらを上手に使うことで、衝突を避け、より良い成果に到達することが可能となります。そのためには、練習と実践が必要です。

ここからは、筆者が異文化環境のでなかでうまく立ち回るスキルを身につけるために続けてきたCQを高めるステップを紹介します。

## CQを高めるステップ

### 1　計画を立てる

異文化環境に身をおくことになったら、次に示す問いかけを参考にして、計画を立ててください。

- 今回の目的は何か？
- 相手はどこの国、文化圏の人か？
- どのようなプログラムか？　どのような「型」を取るか？
- 自分の「型」との違いは何か？
- 目的を達成するために、どんなアプローチを取ればよいか？

### 2　練習する

気軽な場であれば、上記で立てた計画に基づいて、すぐにも異文化コミュニケーションを実行に移してもいいでしょう。

しかし、重要なビジネスの場では、事前の練習をお勧めします。実際にどんな会話や交渉になるのかを想像しながら、シミュレーションを行います。

頭のなかで考えるだけでも効果はありますが、実際にロールプレイを行い、相手の立場に身をおいて演じてみると、驚くほどの洞察が得られます。

例えば、

「プロジェクトの期限が守れないマネジャーへのフィードバック」

「チーム報奨金の分担方法決定」

「生産拠点の移管（リストラの可能性）を組合に伝える」

「顧客への値上げのコミュニケーション」

など、具体的な状況を設定し、対象となる相手の国のメンタルイメージではどのようなコミュニケーションが効果的なのかについて、準備練習します。同僚に相手の文化圏の立場になってもらって実際にロールプレイングを行い、どのように感じたかフィードバックを受けられれば、より効果的です。

### 3　実践する

実際の場面では、相手の反応は計画どおりに進む部分もそうでない部分もあります。言語だけでなく、非言語要素も含め、相手の様子に気を配りましょう。

米国の心理学者メラビアンは、人間がコミュニケーションする要素には、言語、声のトーン、ボディランゲージの3つがあることを唱えました。対人コミュニケーションにおける貢献度は、言語が7％、非言語要素が93％（うち、声のトーン、速さなどが38％、顔の表情や仕草などが55％）です。

言語に入らないシグナルを、身体を通じて発信するのが非言語要素です。異文化間では、母国語でのコミュニケーションではない場合が多いので、非言語メッセージの重要性はさらに高まります。

言語と非言語、双方のシグナルを注意深く受け止め、なぜそんなシグナルを出すのか、「ホフステードの6次元モデル」や「6つのメンタルイメージ」で得られた知識と随時紐づける癖をつけると効果的です。

### 4　内省（リフレクション）する

実践後は、目的が達成できたのかどうかを振り返ります。何がうまくいって、何がうまくいかなかったかを、客観的にメモし、次回に繋げます。

本書で紹介してきた「ホフステードの6次元モデル」と「6つのメンタルイメージ」を

使い、異文化間のマインドセットと型を理解して実践を積めば、高い確率での効果が期待でき、臨機応変に使えるようになります。

ただし、計画どおりにいかなければ、異文化の衝突を生むこともあり得ます。そこで、失敗も次回への学びと割り切って活用してください。トライアル&エラーを重ねれば重ねるほど、自分に埋め込まれた無意識のプログラミング「めがね」を外して、相手の「めがね」をかけて状況を見ることができるようになります。

異文化コミュニケーションスキルのレパートリーが増え、文化がどのような影響を人々に与えるかの理解が進み、より良い関係構築、やる気あるチームづくりが可能になります。

## ミニケース　海外アサインメントを得たい村中さん

米系グローバル企業に中途入社した村中さんが、このステップを使って、どのようにCQを高めていったのかを紹介します。

村中さんは、20代後半で米系グローバル企業に転職。海外のアサインメント（役割）を獲得し、出世の階段を上がりたいと考えていた。

成績優秀で、年に一度の部門グローバル会議に招待された彼女だったが、帰国してふさぎ込んでいた。こうした会議では、内容もさることながら、人とのネットワーキング、特にエグゼクティブへのアピールが大事だということに、初めて気づいたからだ。

同じ年頃の米国人やインド人が巧みに人事担当エグゼクティブに自分を売り込んでいるのを横目に、彼女は気後れしてしまって、何もできなかったのだ。

しかし、どうしても海外アサインメントを諦めきれなかった村中さんは、自費で異文化コーチングを受けることを決意。米国の文化的価値観を学んで、翌年のカンファレンスに臨んだ。

**村中さんのCQ計画**

**◎今回の目的**

究極の目標は海外アサインメントの獲得だが、今回はそれを支援してくれる人事エグゼクティブへのアピール。

**◎相手の国、文化圏**

人事エグゼクティブは米国、コンテスト文化圏の出身。

## ◎どんなプログラミングをされているのだろうか。どんな「型」を取るか。自分のアプローチとの違いは何か

日本よりもずっと、部下のイニシアティブが期待される。「自分の欲しいポジションは自分で勝ち取れ」という価値観。データ、事実が重視され、コミュニケーションは結論から。「直接的」「簡潔に」「短く」が好まれる。

## ◎目的を達成するためのアプローチ

エグゼクティブが村中さんを信頼できるよう、彼の視点から有益な情報をまとめ、彼の馴染んだ方法でコミュニケーションする。

昨年悔しい思いをした村中さんは、異文化コーチングを受けて、まず米国の文化的価値感とプログラミング、日本との違いについての知識を取得しました。そして、日々の仕事のなかで、積極的にコンテスト型のコミュニケーションにトライしました。

最初は起承転結型のコミュニケーションからなかなか抜け出ることができず、自分の意志を十分に伝えられませんでしたが、そのたびに何が起こって、自分がどう感じたのかを、客観的に内省しました。その際に、コーチングを受けながらそれを次回に活かす、というプロセスを繰り返しました。

グローバルカンファレンスの3ヵ月前には、人事担当エグゼクティブの役割を演じるロールプレイにも挑戦しました。相手の視点をより良く理解した後、自分がどうアピールしたいかについて、作戦を練り直し、その後はコーチにエグゼクティブ役になってもらい、ロールプレイ演習を繰り返し、グローバルカンファレンスに臨みました。

そのときの様子を次のように村中さんは語ってくれました。

「まず、初日のカクテルパーティには誰よりも早く行きました。早く行けば人が少ないので、人事担当エグゼクティブに声をかけやすくなりました。コンテスト文化圏ではスモールトークも大事と知ったので、彼の趣味のゴルフに関する話題も用意しました。もちろん、自分の業績や海外アサインメントへの熱意を、1分間にまとめてアピールできるよう、数値も含めて準備しました。この1年間、日々の業務のなかで、小さなことでも短く簡潔に自分をアピールできるように心がけ、トライアル&エラーを繰り返したのが、効果を奏しました」

継続的な企業への貢献と相まって、村中さんは見事、希望していた海外でのアサインメントを獲得することができました。

## CQを高めるのに有効な手法：「アウェアネス（気づき）」

相手と自分の対話のなかで生まれてくる感情や、文化的背景の違い、外部環境の影響）など、客観的に全体像に対するアウェアネス（気づき）を持つことは、CQを高めるのに有効な手法です。

異文化間でのアウェアネスの範囲を広げるために、筆者が実践していることが次の2点です。

- 相手に心からの関心を寄せ、五感を駆使しながら、相手のシグナルを注意深く受け止める
- 異文化相互交流のなかで相手と自分に何が起きているのか、どんな思考や感情が沸き起こっているかをメタ視点（俯瞰的視点）で客観視する

図5-1　俯瞰的視点から客観的に眺める

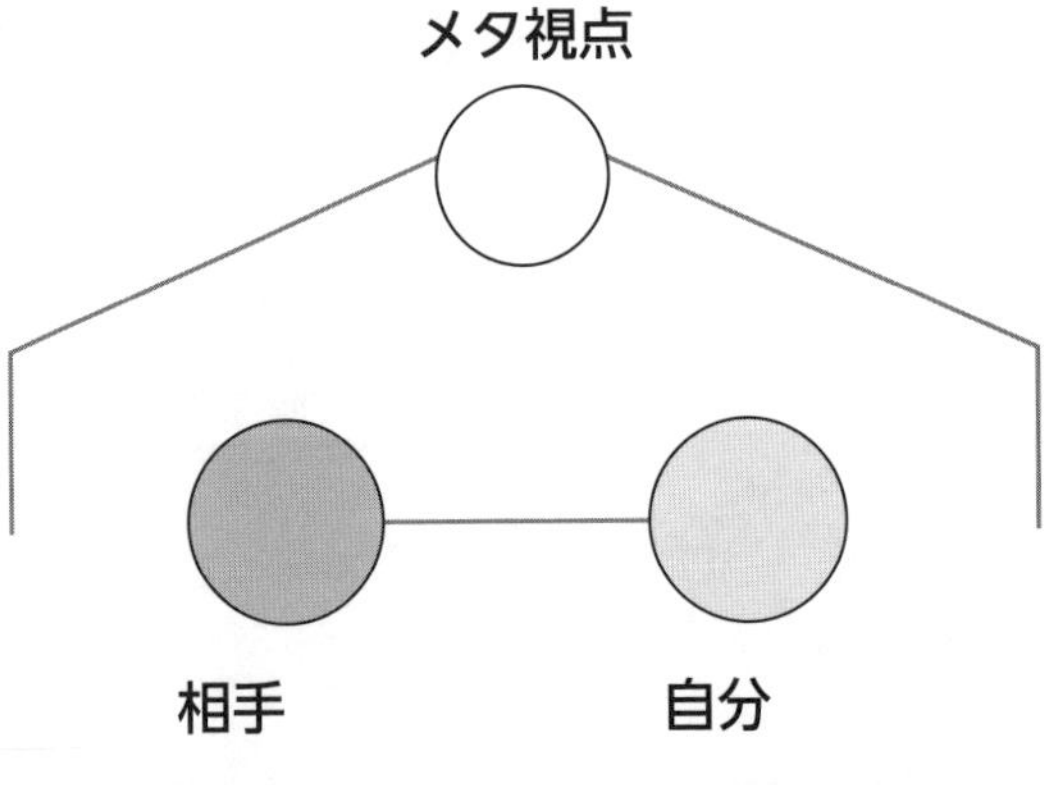


相手との対話を俯瞰的視点から客観的に眺める

最初は、時間がかかるかもしれません。しかし、続けているうちに、自然に自分のアウェアネスの範囲が広がっていくことを実感するはずです。ぜひトライしてみてください。

## ミニケース　外資から日本企業に転職した井上さん

日系企業欧州駐在員の井上さんは、欧州だけでなく中東アフリカもカバーし、八面六臂の活躍をしています。ミニケース1の村中さんとは逆に、米系グローバル企業在職中にリーダーシップトレーニングを積み、欧州でMBAを修了したのち、日本企業・日本人のグローバル化へ貢献したいとの思いから、日本企業に就職しました。

外資系企業のグローバルオペレーションに慣れていた井上さんが直面した問題は、日本国内事業で培われた視点から逸脱できない本社経営陣との社内調整作業に忙殺される毎日の業務だった。そこで、日本との異文化体験に頭を抱える事態に直面したのだ。

中東のパートナー候補との重要ミーティングの決定事項に、本社からの横やりが入り、事業成果を上げる活動にも集中できない日々が続いていた。業務に対するモチベーションの維持も難しくなっていた。
そんなとき、偶然目にしたホフステード博士の著書『多文化世界』に出会い、国別の価値観がスコア化されていることに衝撃を受けた。

「トップダウン、内集団のネットワークで意思決定される中東では、日本の誰が責任者かわからないような状態は到底理解されない、と思いました。そこで、本社に交渉を重ねました。よくわからない中東だし、不確実性の高いプロジェクトだから、きっと誰も責任者にはなりたがらないだろうと予測して。失敗したときのリスクも最小限に抑え、まずは試験的プロジェクトの位置づけにしました。そして、少なくとも相手方に対しては、このプロジェクトの責任は自分が取ることを明確にしました。出張回数を重ね、個人的な関係性をつくることにもかなりのエネルギーを注ぎました」

すると少しずつ、硬直していた交渉が動き出した。

「いまもトライアル&エラーの繰り返しです。中東との交渉の前には、毎回計画し、練習し、シミュレーションしてから臨みますが、失敗だらけです。一番大事にしているのは、コミュニケーションをしているときの自分を鳥のような視点で眺めること。この視点に立ち続けると、失敗を繰り返しても、自分のCQが高まっていくのを感じています。前回より、今回、今回より次回と、徐々にですが効果的な商談ができるようになってきた。いままでは、ワスタ（「知っている人」、163ページ参照）の中までとは言いませんが、入り口には立てた気がしています。ビタミンWと、中東の人たちは言いますけれど、中に入らないと見えてこないことはたくさんあるし、ビジネスは円滑に進められません」

「私の仕事は営業なので、本社が提供するグローバル共通とやらのセールスプロモーションキットはまったく効果がありません。営業という立場では、相手の文化に合わせる方向でいいのではないかな、と感じています。ただ、自分や会社の絶対譲れないところは譲りません。何を合わせて、何を守るのか、というのは、CQを高めていく過程でいつも考えています」

「ホフステードの6次元モデルは、『日本人って○○』『中東って＊＊』といったステレオタイプではなく、文化背景を明確に説明したうえで、実際の業務・生活場面において、『だから利害調整においてマネジメントの決断が期待される』といった見解を示してくれます。かなり広範囲のエリアをカバーしていますが、メンタルイメージがあるので、わりとストレスなく業務をこなせています」

井上さんは、日々の業務のなかで計画→練習→実践→内省を繰り返し、CQを継続的に高めています。彼の場合、ビジネスを進めるうえでの価値観は「コンテスト」です。そこから「人間のピラミッド」（中東）、加えて「ネットワーク」や「油の効いた機械」もカバーしていますが、文化的価値観をスコア化し、国をクラスタ化するだけで、頭のなかが整理されたと言っています。

井上さんのコメントのなかで、相手の文化にいつ合わせるか、という視点が登場します。これは異文化ビジネス、マネジメントを行うなかで、永遠のチャレンジです。

筆者の視点では、井上さんのように営業やマーケティングは、相手の文化にオープンに合わせたほうが効果的です。

一方、企業として大切にしている信念、コンプライアンスなど、これだけは絶対に譲れない点を決めておき、そこはNon negotiable（交渉不可能領域）としておくことが重要です。

## CQの高い組織

多様な文化背景を持つチームは、創造性を高めますが、多様性を管理することは難しいものです。自己表現の仕方やる気の出し方、フィードバックの与え方、リスクへの耐性などは、文化によって異なります。

この難問を解くカギは、各人の行動については創造性を認めつつも、チームの信念とゴールについては見解の一致を求めることです。

チームとしてのゴールを共有し、チームの文化、メンバー間のコミュニケーション、規範／プロセスを作ることで、さらに効果的に機能し[1]、信頼が生まれ、協働していくことができます。

第1段階は、本書で記してきた「お互いの文化の違い」を認識し、尊重する。

第2段階は、違いを理解したうえで、チームのビジョン、目標を共有し、組織文化をつくっていく。

1 P. Christopher Earley and Elaine Mosakowski, "Creating Hybrid Team Cultures : An Empirical Test of Transnational Team Functioning", Academy of Management Journal 43, no.1 (2000)

創造性や革新性を求めるときは、激しい衝突や摩擦が伴います。失敗もあります。「革新しろ！　でも失敗するな！」では駄目なのです。

だからこそ、自分たちとはものの見方や考え方の前提が異なる人と信念と目的を共有し、ともに同じ方向に向かって歩き出す意義があります。

CQの高い組織文化を持ったチームは、違っていることを当然として受け入れます。メンバーがありのままでいられるように、お互いの専門性や強み、仕事の仕方の違いを尊重し、常にオープンな、ときに率直すぎるほどのコミュニケーションが行われます。強い組織文化＝CQの高い組織文化ではありません。強すぎる組織文化は、価値観や行動の共有を強いるあまり、貴重な違いを排除してしまう危険性を孕んでいるからです。

CQの高い組織は、人を個人とみなし、違うからこそ敬意を持ち、幅広い違いを活用する強い意志と能力のある組織文化を備えています。

**図 5-2**　国民文化と組織文化

「国民文化」は**無意識**に埋め込まれ、
**変革が難しい**
「組織文化」は簡単ではないが **変革可能**

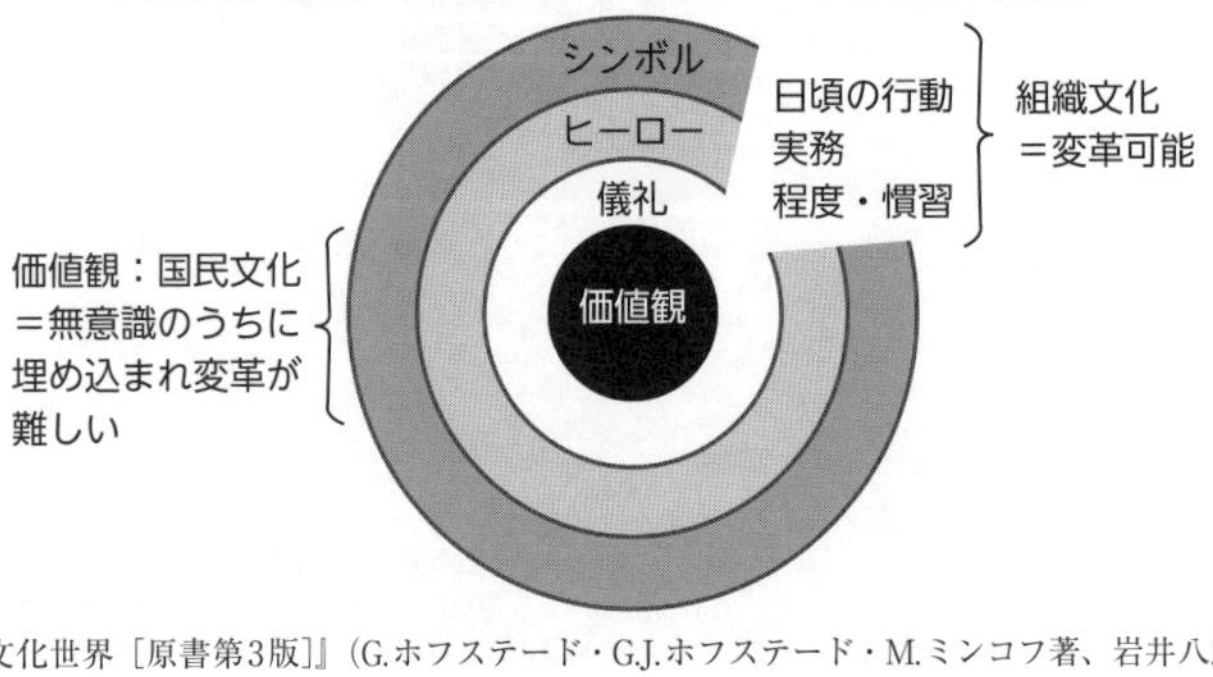


『多文化世界［原書第3版］』（G.ホフステード・G.J.ホフステード・M.ミンコフ著、岩井八郎・岩井紀子訳、有斐閣、2013年）p6の図1-2に加筆

突き詰めれば、違いとは、意見が対立することです。異なる文化的背景という、目に見える特性だけでなく、考え方が違う人が生き生きと活躍できるCQの高い組織は、たとえ国籍が1つでも効果的に機能します。

## 多様性を包括する「組織」：ベルギー・メヘレン市の取り組み

ベルギーのブリュッセルとアントワープの間に、メヘレンという市があります。人口8万6000人、市民の出身国は130ヵ国にも及び、「多様性を活かし、包括する市」として高い評価を得ています。

しかし、1990年代のメヘレンは、多様性に対して真っ向から否定する自治体でした。移民を排除する極右政党が第一政党で支持率32％、ミドルクラスは引っ越していき、街は荒廃していました。

図5-3　CQの高い文化

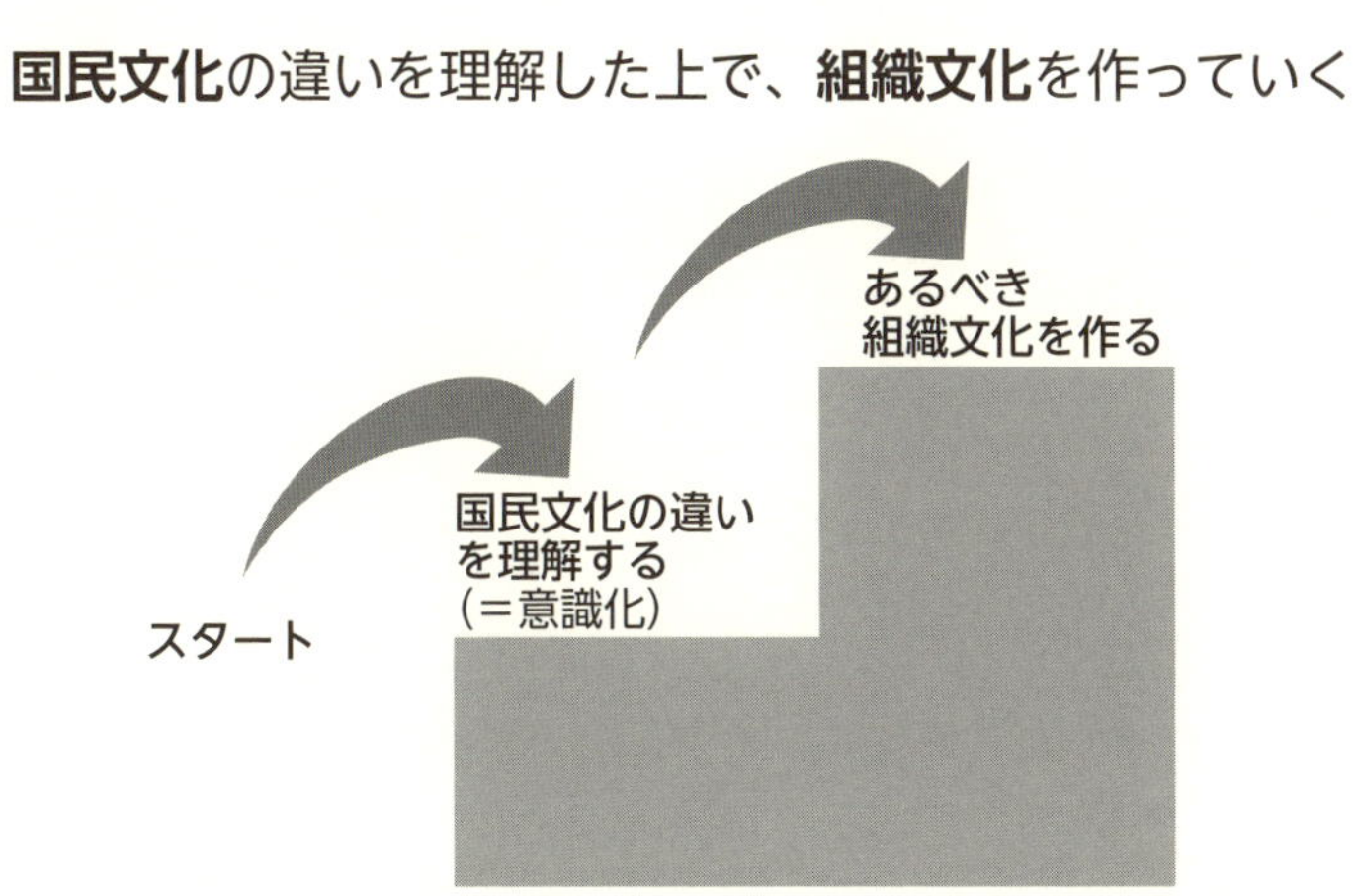

メヘレンを変えたのは、2001年に就任したバート・ソマーズ市長。「もともとの住民、移民、全員が新しい現実、すなわち私たちが生きるのは非常に多様な社会である、という現実に対応していかなければならない」との信念のもと、様々な施策を実践しました。「新しい現実に即した、真の包括的な社会を創るには、誰もが自分のコンフォート・ゾーン（快適な範囲）から出て、統合されていかなければならない。その他に道はない」と。

ソマーズ市長は、信念を実現し、市を変革するために、組織文化を変革するプロセスを参考にしたといいます。

様々な施策を実践していますが、一番大きいのは、元々の住民と、移民の分離を無くす政策。白人の両親は子どもを白人地域の学校に通わせていましたが、それをやめさせました。21世紀の現実は様々な国の人が共生することなので、それに即した環境で教育することが子供の将来のためであると、親を説得します。どの学校にも、移民と白人の子どもが在校するようにし、外国語ができない移民の子どもとともに勉強することへの不安を訴える親を安心させるため、市が提供する教育の質の高さを保障しました。また、学校の教師を対象にした異文化理解、多文化バックグラウンドを持つ生徒に対する教育のトレーニングを提供しています。

元から住んでいた市民が、移民をサポートする「バディ・システム」もあります。バディは2週間に一度会い、会話を練習したり、メヘレンの暮らし方についてアドバイスしたり。そのうち移民と元々の住人の間に人間関係と連帯感が生まれ、国が違っても、自分たちはメヘレン市民だ、というアイデンティティを共有するようになります。

ソマーズ市長は、「人間の持つアイデンティティは1つである必要でない。北アフリカ出身であり、ムスリムであり、メヘレン市民である。ベルギー出身であり、キリスト教徒であり、メヘレン市民である。メヘレン市民として、包括的な社会してのストーリー、ナラティブをともに創るために、政治家も、公務員も、市民も、一人ひとりが努力をしている」と述べています。

いま、メヘレンで極右政党者は7％以下、多様性を包括した社会として、ベルギーで最も成功した自治体であり、ソマーズ市長は2016年のワールド・メイヤー・プライズ（世界市長賞）を授与されています。[2] ソマーズ市長がCQを意識しているかどうかはわかりませんが、CQの高い、多文化を包括する社会を作り出しており、そのプロセスには、市長だけではなく、ゴールを共有する市民一人ひとりが貢献しています。

CQを高めるとは、自分自身と相手の文化的背景の違いに対するアウェアネスを高め、

2　Quote from "A philosophical dialogue between Bart Somers and Gert Jan Hofstede," at Software of the Mind 2.0 Conference, Amsterdam, Oct 2017

両者の思考、行動、あり方全体を客観的に認識するプロセスです。道を極めるように成長し続ける、終わりのない旅です。未知との遭遇の連続でもあり、驚き、厳しく、辛いこともあります。

しかし、異なる文化的背景の人とともに働き、ともに成果を出し、喜びを共有する経験は、人生を色彩あふれるものにしてくれます。

コラム 5

# 映画で学ぶ異文化理解

映画は、未知の文化を学ぶための良い教科書です。映画は、まさに国民文化を象徴的に表すコンテンツにあふれています。

日本から海外に行くのにはどうしても時間とお金がかかってしまい億劫になりがちな方も多いと思いますので、本コラムでは、一番手軽で安上がりな異文化体験ができるツールとして、「映画で学ぶ異文化理解」の方法について述べたいと思います。

## 国民文化と映画

２０１８年、日本では制作費３００万円の映画が20億円以上のヒットを飛ばすというニュースが流れましたが、ほとんどの映画制作には多額の制作資金が必要となります。

私は昔、アメリカのハリウッドで仕事をする友人に連れられ南カリフォルニア大学の映画制作学科の授業に参加したことがあるのですが、そこで学ぶことは、リサーチから広告宣伝・ＰＲなど、いかに資金回収のために映画をヒットさせられるかというトピックばかりでした。それでもアメリカで大ヒットした映画が必ずしも中国でヒットしないように、映画も国民文化に制約を受けています。

つまり、ヒット映画には、テーマ設定から日常のシーンの描き方に至るまで、その国の観客が特に強く琴線に触れる「何か」が必ず含まれているのです。
それでは文化の視点から、ある作品を紐解いてみましょう。

映画「ザ・エージェント（原題：ジェリー・マクガイア）」をご存知でしょうか。1996年にアメリカで製作されたトム・クルーズ主演の映画で、のちにアカデミー賞助演女優賞を受賞したレネー・ゼルウィガーの出世作といわれる作品です（以下ネタバレになるのでご注意ください）。

**あらすじ**

敏腕スポーツ・エージェントのジェリー（トム・クルーズ）は、所属する会社の利益追求主義に嫌気がさして、「クライアントを減らし、一人の選手により多くの時間を使うべき」という提言書を出したことがきっかけで会社（SMI）をクビになる。彼に残ったのは問題児のアメフト選手ロッドとの契約と信念のみ。婚約者からは負け犬と罵られながら、シングルマザーのドロシー（レネー・ゼルウィガー）とともにジェリーは成功を目指して奮闘する。

「ホフステードの6次元モデル」によるアメリカの文化スコアは、以下のとおりです。

**◎アメリカ**

PDI（権力格差）……………………40

IDV（個人主義）…………………91
MAS（男性性）……………………62
UAI（不確実性の回避）…………46
LTO（長期志向）…………………26
IVR（充足的）……………………68

ではこの映画のエッセンスを少し読み解いてみましょう！

**1．「俺は自由だ‼」**
～低権力格差×高個人主義に表れる超個人主義～

ジェリーは提言書を出したことをきっかけに、会社から解雇を告知されます。その場で、解雇告知をした同僚に「…絶対に負けない。君のクライアントをいただく」と真っ向から戦うことを決意し、独立。その後、ＳＭＩと激しい競争を経て、高校Ｎｏ．１アメフト選手のドラフト交渉権を獲得したジェリーは、有頂天になってこう叫びます「俺は自由だ！」（ＢＧＭ フリーフォーリング）

物語の冒頭で描かれている組織vs個人、つまり権威に争う個人という対立軸は、実は多くのアメリカ映画でも扱われるプロットです。それだけアメリカ人の多くが共感を覚えるのでしょう。

実際に、「ホフステードの6次元モデル」のスコアを見ると、低めの「権力格差」と高い「集団主義／個人主義」のスコアにはっきりとこの特徴は現れています。組織はあくまで個人の力を拡張する箱でしかないという価値観が共有されており、権威に対する批判的姿勢に人々は共感とカタルシスを覚えるのです（これは権力格差が高い国では起きません）。

また、ジェリーが大型の契約を獲得し勝利を喜ぶときに「自由」というキーワードを全面に押し出してくるところも、非常にアメリカらしい描き方です。なぜならアメリカの最大の文化的特徴は、「すべての人に自由と平等が与えられるべき」という思想にあるためです。

こうしたポイントを押さえておくことは、政治でもビジネスでもアメリカ人とお付き合いするときに重要です。

## 2.「金をもってこい！」

〜高個人主義×高男性性に表れる社会的成功への欲求〜

独立したジェリーが唯一繋ぎとめた契約選手であるロッド。彼はジェリーに対して臆面なく言い放ちます。「俺はアリゾナのスーパースターなんだぞ」「金を持ってこい！」。ジェリーはプライドも何もかも捨てロッドを繋ぎとめようと奮闘する…。

この映画には気持ちよいくらいストレートに金や名声といった成功を追い求め、それを人前で話すことを「隠さない」人々が登場します。ロッドが自信を失い、チームとの低い契約金条件を受け入れそうになったとき、彼の奥さんはこう言い放ちます。

「こんなの受け入れてはダメ。あなたは誇り高く、誰にも負けない男なの」

またジェリーの元婚約者は、独立後悪戦苦闘する彼に対して次のような言葉をかけて発破をかけます。

「絶対に負け犬にならないで!」

こうした勝ち馬、負け犬といった言葉が自然と出てくるのは、社会的な名声や経済的成功を重視する高い男性性を持った社会の特徴です（日本も!）。

本来、何をもって人生の成功と判断するかはその人の価値観によるはずですが、高い男性性社会では「成功者はこうあるべき」という共有の観念が存在するため、それを基準に他人を評価してしまうのです。

また、映画のなかでは成功の最上位概念として、「クワン」というロッドの造語も出てきます。これはお金だけではなく愛や尊敬を集めるというもの。この社会で偉大な成功者になるためにはお金だけでは不十分なのです。

これ以外にも、この映画のなかにはアメリカらしい文化を感じさせるシーンがたくさん出てきます。「ホフステードの6次元モデル」で映画を解釈することで、楽しみながら、より深くその国の文化を学ぶことができます。

（宮林隆吉）

特別インタビュー

# ホフステード博士との対談

２０１８年６月４日、オランダ・アムステルダム近郊のホフステード博士の自宅を訪ね、国民文化についての先生の思いをお伺いしてきました。

## 国民文化の研究の始まり

**宮森・宮林（以下、Ｍ）**：ホフステード先生が「国民文化」に興味を持ち、研究を始められたきっかけは何だったのでしょうか？

**ホフステード（以下、Ｈ）**：私は元々エンジニアだったんです。

第二次大戦後の混乱もあり、父親から工科大学に進学することを強く勧められてメカニカルエンジニアリングの修士を取得しました。卒業後10年間、３つの製造業の工場の現場で管理職として工員とともに働き、ときには製造ラインにも立ちました。そうした経験のなかで、私の関心は徐々にテクノロジーから人に移っていきました。

１９６１年、オランダ・フローニンゲン大学で社会心理学の博士課程に進み、会計統制が従業員に与えるインパクトについて研究をしていた頃、調査に訪れた企業の１つがＩＢＭのオランダ支社でした。当時からすでに国際的に成功していたＩＢＭは私の研究に対し深い関心を示し、１９６５年、私は同社人事部のリサーチプロフェッショナルとして入社し、後に担当マネジャーとなりました。
M：そして、米国以外の世界で従業員の意識調査の責任者として働かれたのですね。
H：米国ＩＢＭで最初の従業員調査が行われたのはちょうどその頃のこと、私は欧州における調査を担当することになりました。調査は各国言語で実施すべきこと、また質問票には経営陣が知りたいことのみではなく、日常業務で現場から聞いていた課題も追加すべきと提案し、私は調査対象国すべてを訪問し、調査票作成のために従業員インタビューを重ねました。

このインタビューで重要なポイントは、従業員の個人的なゴールとその達成感、上司との関係、従業員個人の幸せ度、キャリアの指向性でした。ポイントの重要性は国によって異なっていたので、どの課題を質問票に加えるかは、激しい議論がありました。私はプロジェクトマネジャーとして、重要な課題を見落としてはならないので、１つの国における重要な課題が他の国にも関連するのかどうかを調べるべきと考えていました。

その後１９６７年、欧州の製品開発研究所で調査を開始しました。そして１９７１年から2年間、私はＩＢＭのサバティカル制度を利用して、スイスのローザンヌにあるＩＭＥＤＥ（ＩＭＤの前身）の客員教授となり、タームの間にはハーバード大学でも教鞭を取りました。この2年間に25ヵ国３５０人を超えるマネジャーを対象に、予算管理、組織管理、人事に関する心理学を教えました。

この2年間は、私にとってIBMの全世界従業員調査のデータを改めて見直す機会でもありました。国際色豊かなIMEDEの学生と接するなかで、IBMの従業員と同じような国別の違いを認識した私は、この違いは会社、職業や職階によるものではなく、もっと根本的な源によるもの、回答者の出身国によるものではないかと思えたのです。これは私にとってはまったく新しい分野で、さらに研究を重ねたいという強い関心を持ちました。このとき初めて、私は「国民文化」という言葉を使いました。

## IBMを離れ、国民文化の研究に集中

H：1973年、サバティカルを終えた私はIBMに戻り、国の文化の違いに関する調査研究をさらに進めるべきと提案しました。残念ながら、欧州IBMの人事部長は若い米国人に代わっており、その提案は却下されました。私はIBMを退職することになりましたが、会社名を出さなければ調査データを研究に使ってよいとの許可を得ました。

私はある研究所でリサーチャーのポジションを見つけるとともに、現在のINSEADの前身であるCEDEPのパートタイムの教授職に就きました。国民文化の違いを研究す

るには、その発見を実践する場を得ることが非常に重要だと考えていました。
当初、2年ほどで結果を出せると考えていましたが、この研究は私を未知の分野に引き出しました。文化人類学、数学、統計学、あらゆる分野を駆使した研究が必要でした。1980年、米国カリフォルニアのSage Publicationsから、最初の著作〝Culture's Consequences：International Differences in Work-Related Values〟を出版したとき、私はすでに52歳になっていました。初版ではIBMはこの本ではHermesという偽名で紹介されていますが、その後、世界で初めて大規模な従業員意識調査を行った結果を誇りに思ってくださるようになり、いまでは私の研究はIBMをベースにしたものだと、広く知られるようになりました。

M：先生は多くの研究成果を残されているので、純粋な研究者としてのキャリアを全うされてきた学者であると、信じている人も多くいます。

H：いいえ。私はただ好奇心が赴くままに行動してきただけですよ。出版した本が広く世に受け入れられて、大学から専任の研究者としてのオファーを受けたのは57歳のときです。それまでアカデミックでのキャリアを歩んだことは一切ありませんでした。

M：私たちからすると57歳から新しい環境でスタートをきっていることがよほど驚いてしまいます。何を始めるのにも遅すぎると言い訳できませんね。

H：おかげで私は謙虚なままでいられますよ（笑）。すべての経験は研究の糧になっています。1985年、マーストリヒト大学経営学部の教授になりましたが、私は最初の著作が学術的すぎて、普通のビジネスパーソンには複雑すぎることに気づきました。

そこで、1991年に、簡素化したバージョンとして〝Cultures and Organizations：Software of the Mind〟（多文化世界）をマグロウヒル社から出版しました。この本は私の学術的研究をベースにしつつも、実用的な側面にフォーカスしたので、学術書とは異なる読者層の方々に読んでいただけるようになりました。この本の第3版は共著者に息子のヘルト・ヤン・ホフステードとブルガリアの経営学者マイケル・ミンコフを迎え、現在21ヵ国語に翻訳されています。

M：どのような領域であなたの学術理論は使われているのでしょう？

H：学術的には次の領域で多くの引用がされています。

異文化心理学

言語構造、認知、知性

国際・多様性のマネジメント

国際経営、買収、アライアンス

国際マーケティング、広告、消費者行動、パッケージング
国際政治経済
国際法務、procedural justice, imprisonment, insurance
建築、都市／国家計画、オフィスデザイン、インダストリアルデザイン
ヘルスケア、医療、psychiatry, medication, care
倫理、宗教、スピリチュアリティ、セクシュアリティ

残念ながら、私の研究が間違って引用されることも多くなっています。特にこの10年、私の著作を読まずに、インターネットにアップされている情報から引用される場合が多くなっています。それらの情報はときに不完全であり、間違っていることもあります。

**M**：国民文化の次元が間違って使われるケースは、例えばどんなものでしょうか？

**H**：最も間違いの多いケースは、国の平均スコア同士を比較するのではなく、国と個人のスコアと比較することです。既に私の１９８０年の本で私はこれに対して警告しました。アンケートの質問票の多くは価値観を扱っています。私の研究では価値観を、「ある状態のほうが他の状態よりも好ましいという傾向」と定義しています。

例えば、オランダという社会に属するある個人は、「自分が権力を持った存在になる」

ことを好むかもしれません。だからといって、オランダという社会全体が「権力を持つことを好んでいる」こととイコールにはなりません。社会はジグソーパズルのようなものです。良いジグソーパズルのセットには、2つとして同じピースが含まれることはありません。しかしそれが全体として組み合わさると、1つの明確なイメージを生み出します。それが国民文化と個人の違いです。

社会の代わりに個人に焦点を当てることは、米国では特に一般的な誤りです。世界中の76ヵ国のうち、私の研究では、アメリカの文化は個人主義の記録を保持しています。この文化は、研究者と読者の両方の心のなかに明らかに存在します。

**M**：私たちがワークショップを開催するとき、参加者たちから「国民文化のスコアは、時とともに変わるのではないか？」という質問をよく受けます。これにはどのように回答すればよいでしょうか？

**H**：私のモデルは「時代遅れなのではないか」という批判があります。世界全体は変化していますので、国民文化も変化するのではないかと推察されるのでしょう。

2015年、オランダのブルゲルジック博士たちは、世界価値観調査のスコアを、2つの世代ごとに分析し、私の次元のスコアが現在も安定しているのかどうかを研究しました。

そこでわかったことは、「権力格差は小さく」「個人主義は高まり」「人生の楽しみ方は充足に近づいている」というふうに3つの次元スコアは動いていますが、すべての国がともに動いている、したがって国と国のポジションの違いは、これこそが私の研究の真髄ですが、変わらない、という結果が出ています。

安定は、国民文化のコンセプトそのものです。もちろん、誰の人生にも変化があり、外国で暮らしたり、外国企業で働いたり、外国人を同僚とすることで他の文化に適応しなければならないことがあるでしょう。

しかし、10歳までに学んだ価値観=国民文化の違いを無くすことにはなりません。国民文化は10歳までに無意識に身につける価値観なのですから。

オランダの思想家で人文学者のエラスムスは1518年の著書『対話集（Colloquia）』のなかで、彼自身の旅の経験から、フランスとドイツの旅館を比較しています。彼自身の旅の経験から、フランスとドイツの旅館を比較し、その違いを表現するにあたって「男性性」という言葉を用いています。

## 文化の視点で見る「言語の壁」とは

M：私たち日本人が異文化との接触を考えるとき、最初に障害になるものは「言語」です。日本も一昔前に比べれば街中や駅、レストランのメニューに至るまで、外国語のサインも増えてきました。

一方、ＴＯＥＦＬでの世界ランキングでみると１７０ヵ国中１４５位、先進国といわれるＯＥＣＤ加盟国35ヵ国のなかでは最下位です。言語の重要性についてはどのようにお考えですか？

H：言語を学ぶことは、その国の文化を学ぶことと密接に繋がっています。私はオランダのような小さな国に生まれ育ったことが大きなアドバンテージとなっていたと感じます。特定の大国文化に影響されることもなく、テレビが発明されるずっと前から学校でフランス語、ドイツ語、英語といった言語を学ぶ機会がありました。こうした経験は、私の異文化に対する理解を深める大きな助けになったと思います。

M：その国の言葉で本を読むのは、翻訳本を読むのと違いがあるものなのでしょうか？

H：１つ私の経験をご紹介しましょう。昔、私がフランスにあるＩＮＳＥＡＤ国際ビジネススクールで管理職を対象としたプログラムを教えた際、1つのグループにはフランス語で、もう1つのグループには英語で授業を行うことがありました。

このとき、ケーススタディをフランス語で議論すると、非常に白熱した知的議論が展開されましたが、なかなか現実的な結論が出てきませんでした。

一方、同じケーススタディを英語で議論すると、開始まもなく参加者の一人が「それで、具体的にどうすべきだろうか?」と問いかけ、議論は最初から実践的なアクションを探る方向に転がっていったのです。2つのグループはまったく同じテキストを使っていました。

ここで注目したいのは、どちらが優秀か優秀でないかという話ではなく、同じような属性の参加者がいても、言語の違いによって議論のやり方が大きく異なっていたという事実です。

また、テキストについても、英語・フランス語の原書をお互いの言語に翻訳した際に、お互いの読者から「必要以上に冗長で内容が貧弱」というフィードバックがありました。これは明らかに翻訳される過程で何か重要なニュアンスが失われてしまっていたと考えられます。

M：言語を学ぶことを通じて、自分たちの文化圏にないちょっとしたニュアンスを認識することも、多様な文化を理解するのに役に立つということですね。

## ビジネスの世界は過度に米国の影響を受けている

M：先生は研究論文（「動機づけ、リーダーシップ、組織—米国の理論は外国に適用できるか」）のなかで「組織の合理性は国民性で決まる」と述べられています。これは過度に米国の文化の影響を受けている国々への警告に聞こえます。

H：米国で誕生した経営理論も文化に拘束されています。なぜなら、理論を著した研究者たちも、特定の文化のもとに生まれ、家族のなかで成長し、学校へ通い、給料をもらいながら働いてきたからです。こうした経験が、彼らの思索の素材となっているのです。我々のような研究者も他の人々と同様に、文化的なバイアスから逃げることはできないのです。

M：それはつまり、米国という文化圏でのみ適用可能な理論が、「文化の違い」という要素を無視して様々な国に輸入されているということでしょうか？

H：米国の経済的成功によって、米国の経営理論が優れているので手本にしなければ、と信じる人が世界中に増えてきました。そのこと自体を否定するつもりはありませんが、米国の経営理論を他国で機能させるためには、それがどのような社会で発展し、応用されてきたかを問う姿勢が欠かせません。

しかし、これまでそのような議論はほとんどありませんでした。国民性は組織の合理性を制約するという前提に立って、何が本当に有効なのかを考えることが重要です。

**M**：海外のベストプラクティス探しだけではなく、「なぜそれが機能したのか？」という問いかけをしながら、目の前にいる人と文化に着目し、組織の問題について解決策を探る姿勢が必要だということですね。

## 日本人の異文化対応力を上げるために

**M**：最後に、日本の読者が異文化への気づき、文化の違いをツールとして使っていくためのアドバイスをお願いします。

**H**：私の最初の学術書、〝Culture's Consequences〟（1980）は、1984年に日本語に翻訳されました。これはつまり、翻訳者や出版社はすでに国民文化の重要性に気づいていたということです。

私はよく、日本の友人に旅をすることをお薦めします。旅はとても良い学びの機会です。まだ訪れたことのない土地に行き、たくさんの質問を投げかけてください。

皆さんは正しく正確な質問しようとして一瞬躊躇してしまうかもしれませんが、心配する必要はありません。質問を投げかける行為そのものが、皆さんの〝違い〟に対する意識を広げるきっかけになります。自分のなかに湧いてきた質問が多ければ多いほど、私たちは他者をより深く理解できるのです。

**M**：日本のパスポートは世界でも類をみないくらい他国への入国が容易ですからね。ビザなしで世界180ヵ国以上の渡航が可能ですから、このアドバンテージを活かさない手はありませんね。

旅のときには、ホフステードのカルチャースコアを頭に入れていくとよいですかね？

**H**：スコアを覚える必要はありませんよ（笑）。

文化も次元も、現実には存在しないものです。私は英語で「Culture is a social construction of reality（文化とは現実の社会的構築）」と言っていますが、研究で提唱したモデルは、文化を読み解くためのツールにすぎません。大事なことは、「あなたが生まれ育った場所が、あなたの基本的なモノの考え方や視点に影響を与える」という事実から目をそむけないことです。

ですから、自分の国がどういう国民文化を持っているのか、ということを知ることも大事ですね。

M：国ごとの文化を相対的に捉えることが重要ということですね。そして自分だけの尺度で相手を測らずに、常に複数の目を持ってお互いの理解を深める姿勢が重要だと。何だか国同士の話というよりか、自分の身近な人間関係の話をしているように思えてきました。

H：そのとおりです。友人関係、夫婦・家族関係も然り。文化はコミュニティの数だけ存在します。

最も大切なのは「自分たちが正しい」という思い込みを捨てて鳥瞰すること。相手の立場を思いやりながら、歩み寄ろうとするマインドセットなのです。

私たち一人ひとりは、未来への進化にとって必要な存在で、未来を作り出すことができます。

一方、世界の人々すべてが同じようになる必要もありません。世界は多様であり続けます。自分とは違う人たちがいるという前提をもとに、違いを尊重しながら共存していく道を探る。私の研究がそれに貢献するのであれば、こんなにうれしいことはありません。

| Country | PDI | IDV | MAS | UAI | LTO | IVR |
|---|---|---|---|---|---|---|
| Lithuania | 42 | 60 | 19 | 65 | 82 | 16 |
| Luxembourg | 40 | 60 | 50 | 70 | 64 | 56 |
| Malawi | 70 | 30 | 40 | 50 | | |
| Malaysia | 100 | 26 | 50 | 36 | 41 | 57 |
| Malta | 56 | 59 | 47 | 96 | 47 | 66 |
| Mexico | 81 | 30 | 69 | 82 | 24 | 97 |
| Morocco | 70 | 46 | 53 | 68 | 14 | 25 |
| Mozambique | 85 | 15 | 38 | 44 | 11 | 80 |
| Namibia | 65 | 30 | 40 | 45 | 35 | |
| Nepal | 65 | 30 | 40 | 40 | | |
| Netherlands | 38 | 80 | 14 | 53 | 67 | 68 |
| New Zealand | 22 | 79 | 58 | 49 | 33 | 75 |
| Nigeria | 80 | 30 | 60 | 55 | 13 | 84 |
| Norway | 31 | 69 | 8 | 50 | 35 | 55 |
| Pakistan | 55 | 14 | 50 | 70 | 50 | 0 |
| Panama | 95 | 11 | 44 | 86 | | |
| Peru | 64 | 16 | 42 | 87 | 25 | 46 |
| Philippines | 94 | 32 | 64 | 44 | 27 | 42 |
| Poland | 68 | 60 | 64 | 93 | 38 | 29 |
| Portugal | 63 | 27 | 31 | 99 | 28 | 33 |
| Romania | 90 | 30 | 42 | 90 | 52 | 20 |
| Russia | 93 | 39 | 36 | 95 | 81 | 20 |
| Saudi Arabia | 95 | 25 | 60 | 80 | 36 | 52 |
| Senegal | 70 | 25 | 45 | 55 | 25 | |
| Serbia | 86 | 25 | 43 | 92 | 52 | 28 |
| Sierra Leone | 70 | 20 | 40 | 50 | | |
| Singapore | 74 | 20 | 48 | 8 | 72 | 46 |
| Slovakia | 100 | 52 | 100 | 51 | 77 | 28 |
| Slovenia | 71 | 27 | 19 | 88 | 49 | 48 |
| South Africa | 49 | 65 | 63 | 49 | 34 | 63 |
| South Korea | 60 | 18 | 39 | 85 | 100 | 29 |
| Spain | 57 | 51 | 42 | 86 | 48 | 44 |
| Sri Lanka | 80 | 35 | 10 | 45 | 45 | |
| Suriname | 85 | 47 | 37 | 92 | | |
| Sweden | 31 | 71 | 5 | 29 | 53 | 78 |
| Switzerland | 34 | 68 | 70 | 58 | 74 | 66 |
| Syria | 80 | 35 | 52 | 60 | 30 | |
| Taiwan | 58 | 17 | 45 | 69 | 93 | 49 |
| Tanzania | 70 | 25 | 40 | 50 | 34 | 38 |
| Thailand | 64 | 20 | 34 | 64 | 32 | 45 |
| Trinidad & Tobago | 47 | 16 | 58 | 55 | 13 | 80 |
| Turkey | 66 | 37 | 45 | 85 | 46 | 49 |
| United Arab Emirates | 90 | 25 | 50 | 80 | | |
| United Kingdom | 35 | 89 | 66 | 35 | 51 | 69 |
| U.S.A. | 40 | 91 | 62 | 46 | 26 | 68 |
| Uruguay | 61 | 36 | 38 | 99 | 26 | 53 |
| Venezuela | 81 | 12 | 73 | 76 | 16 | 100 |
| Vietnam | 70 | 20 | 40 | 30 | 57 | 35 |
| Zambia | 60 | 35 | 40 | 50 | 30 | 42 |

PDI：権力格差　IDV：集団主義/個人主義　MAS：女性性/男性性　UAI：不確実性の回避
LTO：短期志向/長期志向　IVR：人生の楽しみ方

## 世界101ヵ国「6次元の価値観スコア」

| Country | PDI | IDV | MAS | UAI | LTO | IVR |
|---|---|---|---|---|---|---|
| Albania | 90 | 20 | 80 | 70 | 61 | 15 |
| Angola | 83 | 18 | 20 | 60 | 15 | 83 |
| Argentina | 49 | 46 | 56 | 86 | 20 | 62 |
| Australia | 36 | 90 | 61 | 51 | 21 | 71 |
| Austria | 11 | 55 | 79 | 70 | 60 | 63 |
| Bangladesh | 80 | 20 | 55 | 60 | 47 | 20 |
| Belgium | 65 | 75 | 54 | 94 | 82 | 57 |
| Bhutan | 94 | 52 | 32 | 28 | | |
| Brazil | 69 | 38 | 49 | 76 | 44 | 59 |
| Bulgaria | 70 | 30 | 40 | 85 | 69 | 16 |
| Burkina faso | 70 | 15 | 50 | 55 | 27 | 18 |
| Canada | 39 | 80 | 52 | 48 | 36 | 68 |
| Cape Verde | 75 | 20 | 15 | 40 | 12 | 83 |
| Chile | 63 | 23 | 28 | 86 | 31 | 68 |
| China | 80 | 20 | 66 | 30 | 87 | 24 |
| Colombia | 67 | 13 | 64 | 80 | 13 | 83 |
| Costa Rica | 35 | 15 | 21 | 86 | | |
| Croatia | 73 | 33 | 40 | 80 | 58 | 33 |
| Czech Republic | 57 | 58 | 57 | 74 | 70 | 29 |
| Denmark | 18 | 74 | 16 | 23 | 35 | 70 |
| Dominican Republic | 65 | 30 | 65 | 45 | 13 | 54 |
| Ecuador | 78 | 8 | 63 | 67 | | |
| Egypt | 70 | 25 | 45 | 80 | 7 | 4 |
| El Salvador | 66 | 19 | 40 | 94 | 20 | 89 |
| Estonia | 40 | 60 | 30 | 60 | 82 | 16 |
| Ethiopia | 70 | 20 | 65 | 55 | | |
| Fiji | 78 | 14 | 46 | 48 | | |
| Finland | 33 | 63 | 26 | 59 | 38 | 57 |
| France | 68 | 71 | 43 | 86 | 63 | 48 |
| Germany | 35 | 67 | 66 | 65 | 83 | 40 |
| Ghana | 80 | 15 | 40 | 65 | 4 | 72 |
| Greece | 60 | 35 | 57 | 100 | 45 | 50 |
| Guatemala | 95 | 6 | 37 | 99 | | |
| Honduras | 80 | 20 | 40 | 50 | | |
| Hong Kong | 68 | 25 | 57 | 29 | 61 | 17 |
| Hungary | 46 | 80 | 88 | 82 | 58 | 31 |
| Iceland | 30 | 60 | 10 | 50 | 28 | 67 |
| India | 77 | 48 | 56 | 40 | 51 | 26 |
| Indonesia | 78 | 14 | 46 | 48 | 62 | 38 |
| Iran | 58 | 41 | 43 | 59 | 14 | 40 |
| Iraq | 95 | 30 | 70 | 85 | 25 | 17 |
| Ireland | 28 | 70 | 68 | 35 | 24 | 65 |
| Israel | 13 | 54 | 47 | 81 | 38 | |
| Italy(north) | 50 | 76 | 70 | 75 | 61 | 30 |
| Jamaica | 45 | 39 | 68 | 13 | | |
| Japan | 54 | 46 | 95 | 92 | 88 | 42 |
| Jordan | 70 | 30 | 45 | 65 | 16 | 43 |
| Kenya | 70 | 25 | 60 | 50 | | |
| Kuwait | 90 | 25 | 40 | 80 | | |
| Latvia | 44 | 70 | 9 | 63 | 69 | 13 |
| Lebanon | 75 | 40 | 65 | 50 | 14 | 25 |
| Libya | 80 | 38 | 52 | 68 | 23 | 34 |

# おわりに

最後までお読みいただき、ありがとうございます。

執筆の過程で、改めて本書のテーマである「文化を相対的に見る」ことの面白さと難しさを実感しました。

これまでの異文化体験で抱えていたストレスや悩みがスルスルと紐解かれていく一方で、誰にとってもわかりやすく、明快に説明するほど、異文化へのステレオタイプなモノの見方を助長してしまう危険性があると感じたからです。

よって、読み手にとってわかりやすく、それでも考えなしに前に読み進められないような「脳に圧のかかる」本にすることが、本書の大きなチャレンジでした。

しかし、私が幸運だったのは、ホフステード博士が築きあげてきた客観的なモノサシと、素晴らしい共著者を得たことです。お互いの異なる考えや経験を、「ホフステードの6次元モデル」という土台の上で交換し、時にぶつかり合いながら、納得のいく文章に落とし込んでいく。こうしたプロセス自体が、私にとって貴重な文化交流でした。

また、メンターであるホフステード博士、阿久津聡一橋大学教授、故太田正孝早稲田大学教授、そして様々な異文化経験談を共有してくださった友人、同僚の存在なしには本書は完成しなかったでしょう。丁寧に文章のレビューを行い、多くの有益なフィードバックをくださった佐野綾子さんにも、この場を借りて御礼申し上げます。

私自身、投資・事業開発の専門家として「グローバルで成功している商品をどう日本市場に導入していけばよいか？」「日本で成功しているブランドをどう海外に展開していけばよいか？」といった課題に日々取り組んでいます。

そんな私にとって、ホフステード博士の研究理論は、日常のコミュニケーションに限らず、ビジネスの現場で扱うマーケティングや組織開発との掛け合わせも可能な、実践的知識の宝庫でした。

こうしたアカデミアの理論と実践の現場を橋渡ししていく役割を、今後も自分のミッションとしていきたいと考えています。

最後に、

学生時代に海外への留学をサポートしてくれた母　静枝

執筆のために集中できる環境を作ってくれた妻 理英
多くの学びと成長の機会をくださった共著者 宮森千嘉子さん
に心より感謝申し上げます。ありがとう。

宮林隆吉

20年に近い米国系グローバル企業での勤務時代、私は数え切れないほどの失敗を重ねました。元々英語に苦手意識があり、初めて海外で暮らしたのも30代半ばすぎのこと。うまくいかないときは自分の英語力のせいだと思っていましたし、アングロサクソンのやり方が一番と信じていたので、東南アジアやインド、欧州各国の同僚が協力してくれなくても、なぜなのか、まったく理解できませんでした。4年近い英国滞在から戻って日本の職場に復帰したときは、無理やりアングロサクソンの手法を入れようとして、部下から全否定されるというカウンターカルチャーショックにも遭遇しました。

会社員生活を引退し、欧州で「ホフステードの6次元モデル」に出会った私は、目からウロコが落ちるような衝撃を受けました。あれも、これも、「もし事前に知っていたら、あんな失敗はおかさなかったのに…」と。

英語に、〝learn (something) the hard way〟という表現があります。困難で辛い経験から学ぶという意味です。痛い目に遭いながらひたすら実践のなかで「異文化のなかで働くとは何か」を学んできた私は、自分のような人を増やしてはいけない、このモデルをビジネスの現場に適用するトレーニングを、日本に持って帰らなければ。ただそれだけの思いで、2014年から、企業やビジネスパーソンを対象に、6次元モデルを使ったファシリテーションやコーチングを提供するようになりました。

この本は、どうしたら「ホフステードの6次元モデル」を日本の皆様に気軽に使っていただくことができるのだろうか、という思いから始まりました。

とはいえ、私は学問の徒ではなく、実務家にすぎません。ホフステード先生の50年に及ぶ研究は深く広い海にも似て、極めることなどできません。先生の研究を中心に、CQ(異文化適応力)に関する著作の多いデビッド・リバモアはじめ、多くの異文化マネジメント分野の先人たちから学んだ内容も加味しながら、自分なりの言葉で咀嚼し、共著者の宮林さんと侃々諤々の議論を重ねながらまとめたのがこの本です。

本文中のケーススタディは、筆者たち自身の経験、直接インタビューした方々の体験談をベースに、文献と検証しながら作成しました。すべて仮名にし、特定できないように工夫しましたが、実話がベースになっています。

ヘールト・ホフステード先生のご支援がなければ、この本は誕生しませんでした。90歳になられても頭脳明晰、日々謙虚に研究を続けられています。ご自宅をお訪ねすると真摯に質問に答え、帰りは歌を歌いながら、にこやかに駅まで自動車で送ってくださる先生に、心からの感謝と尊敬を捧げます。6次元モデルに関心を持たれた方は、ぜひ先生の『多文化世界』（邦訳が有斐閣から刊行されています）を読んでみてください。先生の秘書、ルース・コーネリセンにも深く感謝します。

筆者を最初に文化という深遠な世界に引き込んでくれた恩人、ボブ・ワイスフィスは、30年前に先生の理論をビジネスの現場に適用したパイオニア。異文化と組織文化、双方を熟知し、その卓見は他の追随を許しません。

6つのメンタルイメージを生み出したハブ・ヴルステン氏は、私が異文化ファシリテーションの世界に足を踏み入れたときからの、変わらぬ師であり、メンターです。長年の国際機関、企業でのコンサルティング経験に裏打ちされた見識・知見、オランダ人らしく率直で人を大切にケアする人柄は、筆者に常に深い示唆とエネルギーを与えてくれます。

カルチュラル・インテリジェンス・センターの創立パートナーであり、CQの伝道者で数々の著作のあるデビッド・リバモアは、その叡智と包容力のある人柄で筆者を魅了し続けています。

ファシリテーションの現場は、一瞬一瞬が学びの積み重ね。私たちのワークショップに参加してくださったすべての方々、併走してくれている仲間の皆さんに心から感謝しています。

宮崎百合子さんは、この本の企画段階から常に筆者のディスカッションパートナーとして、献身的な協力をしてくれました。システムアウェアネスコンサルティング主宰の横山十祉子さんからは、異文化間でのアウェアネス、ロールモデルの設計に関する示唆をいただき、ともに新たなステージの展開に取り組んでいます。

ホフステードの6次元モデルの理解者であるコンサルタントの田中信さんに日本能率協

会マネジメントセンターの青木千絵さんをご紹介いただき、出版事業本部 根本浩美編集長につないでくださいました。根本さんからいただく叱咤激励のコメントが、いつも背中を押してくれました。すべての皆さんの名を挙げることはできませんが、私の異文化人生を支えてくださった先輩、同僚、友人、すべての皆様に「ありがとう」を捧げます。

最後に、共著者の宮林隆吉さん、夫宮森洋に、心からの感謝を捧げます。

宮森千嘉子

## 追悼　ヘールト・ホフステード先生に捧ぐ

ヘールト・ホフステード先生は、2020年2月12日、世界がパンデミックに突入しようとしている時、92歳で天に召されました。ご家族に囲まれ、平和のうちに旅立たれたと伺いました。

私達の本は、先生が直接序文と対話を寄せた、最後の本となりました。不確実性に満ち、二極化が進む世界の中で、違いで分断されるのではなく、違いに橋をかけ協働する社会の実現を願って誕生した「ホフステードモデル」を、日本の方々に手軽に使っていただきたいという願いを込めて書いたこの本が、こうして版を重ねられたことに、ただただ感謝の気持ちでいっぱいです。

先生が世に問うた、国の文化の違いを次元モデルで数値化する手法は、当初物議を醸し出すもので、最初の著作Culture's Consequences は様々な編集者から計16回拒否された後、1980年にようやく出版されました。その後先生のお仕事は、学術論文の引用数ではマルクスやフロイトに次いでもっとも多い、社会科学での国際的スタンダードとなりました。

先生は文化人類学から社会学、経済学から政治学まで、鳥瞰的な視点であらゆる事象を捉え、関連付けて分析する知の巨人でした。元々は工科大学出身のエンジニアで、工場の現場で働くうちに、生産工程の背後ある、社会と人間の営みに関心が向いたそうです。行動社会科学の博士号を最優秀成績者として取得したのち、ＩＢＭに入社。人事リサーチ部門のヘッドとして従業員満足度調査を担当。スプレッドシートも統計ソフトウェアも存在しない時代に、１１６，０００人分のデータを分析。データに1番大きな違いがあるのは、性別でも年代でも職種でも、「国と国の差」であることに気づき、そこから先生の文化とのジャーニーが始まりました。先生は、「全てはセレンディピティだった」と仰っていましたが、その功績は、数え切れない人々に影響を与えました。生涯に11の名誉博士号と、オランダ最古で最も栄誉ある民間人の勲章Order of the Netherlands Lion, を授与されています。

筆者は、晩年のホフステード先生から直接教えを被る幸運に恵まれました。あれほどの業績を残された方なのに、常に謙虚に学び続け、人との対話を大切にされ、真の優しさを持った方でした。初めてお会いした瞬間から、ウィットのあるユーモアにあふれたお人柄に魅了されました。ときにお電話で、ときにビデオ会議で、そしてご自宅をお訪ねする時には用意してくださった美味しいケーキとお茶を前に、私達のどんな質問にも真摯に答え、対話を重ねてくださいました。帰りは歌を歌いながら、自動車で最寄り駅まで送ってくださる。なんと恵まれた日々だったことでしょう。先生はただただ、異なる価値観を持ったもの同士が理解し合えるために何ができるかを真剣に考え続けることの、その忍耐、方法、そしてその素晴らしさを伝えてくださいました。

先生はお会いするたびに、自分の研究を、人々が相互理解を深めより良い世界を創るために使ってほしいとおっしゃっていました。パンデミックは、直接の出会いを制限しましたが、オンラインという新たな可能性を広げ、本書を手にとってくださる方や、読書会・勉強会も国境を超えて何度も開催されました。多様性という言葉が使われるずっと前、1980年から「人類がサバイバルするかどうかは、違う考えを持つひとと協働する力を持つかどうかにかかっている」と書かれたホフステード先生は、天国からこの状況を見て微笑んでおられるのではないかと思います。

先生のそのスピリットと心を少しでも受け継ぎ、限られた力しかありませんが、違いに橋をかけていくことを続けたいと心から思います。

2022年5月

宮森千嘉子　宮林隆吉

**宮森千嘉子**（みやもり ちかこ）

**ホフステード博士認定ファシリテーター、マスタートレーナー**

サントリー 広報部にてキャリアの第一歩を踏み出す。日本ヒューレッド・パッカードにてマーケティング、広報業務を担当、その後英国ヒューレッド・パッカードに4年間転籍し、欧州13カ国、アジア5カ国同時にWebマーケティングを立ち上げるプロジェクトのリーダーを務める。日本ゼネラル・エレクトリックに籍を移し、広報・渉外統括リーダーとして、国境を超えるメンバーとプロジェクトを推進する。この間、泥水を這い回るような数え切れないほどの失敗体験を繰り返し、多様性のチームの持つ難しさを痛感すると共に、そのポテンシャルにも目覚める。2013年、各国の文化の違いと共通点を数値で視覚化するホフステードモデルに出会い、これまでの失敗体験がスルスルと読み解けていくことに感銘。「文化と経営研究の父」と呼ばれるホフステード博士の晩年、直接教えを受ける機会にも恵まれ、組織の文化変容、リーダーシップ／組織開発に取り組み、現在は「文化と組織とひと」に橋をかけるCQファシリテーター、リーダーシップ/チームコーチとして活動している。スペイン・バルセロナに4年、米国シカゴに7年滞在する間、50カ国を超える国籍の顧客、パートナーと仕事をし、2022年帰国。立命館アジア太平洋大学（APU）、東洋大学 異文化間のリーダーシップと組織行動、異文化コンピテンシー非常勤講師。

一般社団法人CQラボを主宰し、様々な違いに橋を架け、その違いをチカラにするために自身の心血を注ぎ、日本におけるCQの普及に努めている。

**宮林隆吉**（みやばやし りゅうきち）

**ホフステード博士認定ファシリテーター**

事業構想大学院大学准教授。慶應義塾大学経済学部卒業。イエヤ経営大学院経営学修士。一橋大学より博士号（経営学）を取得。専門はクロスカルチャー、マーケティング、テクノロジー。電通の営業・マーケティング部門を経て、電通イノベーション・イニシアティブにて国内外の先端テクノロジーへの投資・IPO支援に従事。アメリカ・インド・ブラジル・サウジアラビア・イスラエル・欧州等、数々の海外プロジェクトに携わる中でCQの重要性に気づく。海外駐在員向けのリーダーシップ・プログラム「CQ」を開発する他、海外子会社の経営幹部のリーダーシップ研修に携わる。また海外と日本という文脈だけではなく、大企業とスタートアップ、アカデミアと実務など２つの異なる文化をブリッジする仕事をミッションとして活動。電通退社後、IoT/データ・テクノロジーに特化したVCを創業。著書『経営戦略としての異文化適応力』（2019, JMAM)、『マーケティング実践テキスト』（2020, JMAM)、翻訳『グラント現代戦略分析』（共訳）（2019, 中央経済社)。

連絡先：ryu.miyabayashi@gmail.com/twitter：@ryumiyabayashi

**ホフステード博士認定トレーニング、ワークショップのお問い合わせ先：**

一般社団法人 CQラボ　https://cqlab.com/
メールアドレス　info@cqlab.com

# 経営戦略としての異文化適応力


2019年3月20日　初版第1刷発行
2023年3月20日　　　第6刷発行



著　者 —— 宮森 千嘉子　©2019 Chikako Miyamori
　　　　　宮林 隆吉　　©2019 Ryukichi Miyabayashi



発行者 —— 張 士洛
発行所 —— 日本能率協会マネジメントセンター
〒103-6009 東京都中央区日本橋2-7-1　東京日本橋タワー
TEL 03(6362)4339（編集）／03(6362)4558（販売）
FAX03(3272)8128（編集）／03(3272)8127（販売）
https://www.jmam.co.jp/

装　　丁 —— 重原 隆
本文DTP —— 株式会社森の印刷屋
印　　刷 —— 広研印刷株式会社
製　　本 —— ナショナル製本協同組合





ISBN978-4-8207-2698-2 C2034
落丁・乱丁はおとりかえします。
PRINTED IN JAPAN